As Nazi-tatuagens: Inscrições ou Injúrias no Corpo Humano?

Coleção Estudos
Dirigida por J. Guinsburg

Equipe de realização – Edição de Texto: Lilian Miyoko Kumai; Revisão: Soluá
Simões de Almeida; Sobrecapa: Sergio Kon; Produção: Ricardo W. Neves e Raquel
Fernandes Abranches.

Célia Maria Antonacci Ramos

AS NAZI-TATUAGENS: INSCRIÇÕES OU INJÚRIAS NO CORPO HUMANO?

Dados Internacionais de Catalogação na Publicação (CIP)
(Câmara Brasileira do Livro, SP, Brasil)

Ramos, Célia Maria Antonacci
As nazi-tatuagens : inscrições ou injúrias no corpo humano? /
Célia Maria Antonacci Ramos. — São Paulo : Perspectiva, 2006. —
(Estudos ; 221 / dirigida por J. Guinsburg)

Bibliografia.
ISBN 85-273-0745-6

1. Anti-semitismo 2. Campos de concentração - Tatuagens 3.
Guerra Mundial, 1939-1945 - Atrocidades 4. Nazismo 5. Prisioneiros de guerra 6. Tatuagens I. Título. II. Série.

05-9049   CDD-940.5472

Índices para catálogo sistemático:
1. Nazi-tatuagens : Prisioneiros de campos de concentração : Guerra
Mundial, 1939-1945 : História   940.5472

Direitos reservados à
EDITORA PERSPECTIVA S.A.
Av. Brigadeiro Luís Antônio, 3025
01401-000 – São Paulo – SP – Brasil
Telefax: (0--11) 3885-8388
www.editoraperspectiva.com.br
2006

Meu especial carinho aos
que comigo dividiram suas
memórias,

Miguel Tenenholz KL
Moises Tenenholz KL
Gerber KL
Henri Wolff n. 62571
Irene Hajos n. 80957
Yvette Lévi n. A-16696
Raphael Esrail n. 173295
Jacques Altman n. 173708
Don Krausz
Bella Herson
Janina Landau Schlesinger
Majer Jesion n. 143062
Sara Fominko n. A-11224B
Senhora

e a todos que sofreram as
injúrias dos campos nazistas.

Sumário

Apresentação – *Norma Tenenholz Grinberg* XI

Prefácio XV

Sessenta Anos Após o Fim dos Campos 1

PARTE I. A DEPORTAÇÃO

1. Auschwitz-Birkenau-Monowitz e Campos Associados 21

2. A Aniquilação de um Homem 27

    Injuriar 27

    As Injúrias Nazistas: "Violência Inútil" 30

    Os Registros Tatuados nos Campos de Auschwitz 35

    A Operação-Tatuagem: Ritual de "Batismo" 41

    A Matrícula: Insulto ao Nome 49

PARTE II. A LIBERAÇÃO

3. Mas "O Que Éramos?" 57

    A Burocratização da Estigmatização 66

    As Estigmatizações Nazistas 69

    O Anti-semitismo no Leste Europeu e Bloco Soviético 76

4. O Fim dos Campos: O Anti-semitismo Renovado 79

5. As Nazi-Tatuagens: Inscrições ou Injúrias no Corpo
    Humano? 97

Considerações Finais 105

Apêndice 109

Bibliografia 111

Apresentação

É A DESUMANIZAÇÃO...

Porque gado a gente marca, tange, ferra,
engorda e mata, mas com gente é diferente...[1]

A tatuagem está aí, como um grito de liberdade para quem a imprime em si mesmo, ainda que carregue um forte componente anti-social. É um ato de vontade que algumas pessoas querem exercer, como se afirmassem o pleno direito a seu corpo, como se afirmassem que o corpo, emulando o sociólogo canadense Marshall McLuhan, é a mensagem. Nem sempre foi assim. Em Auschwitz, na Polônia, durante a Segunda Guerra Mundial, faziam-se tatuagens, mas não eram, longe disso, gritos de liberdade ou atos de vontade. As tatuagens, marcas ou números de identificação, eram aplicadas à força nos prisioneiros, principalmente judeus, cerca de 90%, e ciganos. Por lá, o corpo também era a mensagem, comunicando a quem quisesse entender que havia dor no mundo e, mais que dor, que se perdia o sentido da humanidade. Ao invés de congregar, significado do termo humanidade, a mensagem dos campos era a não-aceitação do outro (étnica, religiosa, política, econômica, sexual e socialmente). Numa palavra, a intolerância.

1. *Disparada*, de Theo de Barros e Geraldo Vandré.

As Nazi-tatuagens: Inscrições ou Injúrias no Corpo Humano?, de Célia Maria Antonacci Ramos, originalmente tese de doutorado em Comunicação e Semiótica, é um estudo sobre signos antiqüíssimos, a tatuagem, mas é principalmente um estudo sobre a intolerância – e sobre o poder, que acoberta os crimes praticados em nome da intolerância. A diferença básica entre as tatuagens de Auschwitz e as tatuagens contemporâneas é o voluntarismo destas – as pessoas querem, sujeitando-se ao incômodo das sessões e, dependendo de sua dimensão e visibilidade, a uma certa reprovação do grupo – e a obrigação daquelas – aos prisioneiros, constrangidos pela dor e pela marca, ninguém perguntava se queriam ou não ser tatuados. Também há uma diferença de conteúdo, pois apesar de as tatuagens modernas serem criativas e feéricas, as tatuagens dos campos de concentração, às vezes um simples número ou letras grosseiras, impressionam muito mais. No campo de concentração, a tatuagem era um grilhão e, quase sempre, o signo de uma morte anunciada.

A autora discute conceitos, vai aos fatos, ouve sobreviventes. Sobretudo, sem perder o foco da investigação, não deixa que, em nome da objetividade, ocultem-se os sentimentos de quem portou ou porta uma tatuagem – uma tatuagem concentracionária é, mesmo no caso daqueles que a retiraram, para toda a vida. Se não está gravada no braço, está gravada na mente. Como diz um dos entrevistados, a tatuagem representa pouco em si, mas a humanidade acabou para quem a porta. "Você não é mais um homem, você não é mais que um número e tudo mudou... É a desumanização". Contra a barbárie, não se pode transigir. É preciso ficar alerta. Sempre!

Norma Tenenholz Grinberg
Artista plástica e professora da ECA/USP

...e meu corpo, o flanco sobre o qual eu repousava, fiel zelador de um passado que meu espírito nunca deveria esquecer...

MARCEL PROUST*

* *Em Busca do Tempo Perdido*: *No Caminho de Swann*.

Prefácio

Entre as políticas do corpo que envolvem o imaginário de muitos de nossos jovens, registramos, desde os anos de 1970, o retorno a práticas ambiciosas de interferência definitiva, especialmente a tatuagem. Interferir no corpo com esse procedimento surpreendeu muitos ortodoxos do corpo imaculado e criou polêmicas no âmbito social e político. Enquanto para uns, esse procedimento representa uma nova forma de usar o corpo com valores de liberdade; para outros, a tatuagem comunica rituais de exclusão política e social, por se referir a um passado ainda presente entre nós, o nazismo.

Este livro originou-se de uma pesquisa de doutoramento em Comunicação e Semiótica, PUC/SP, defendida em maio de 2000, e tinha como propósito inicial a investigação da tatuagem contemporânea. Entretanto, se essa prática enquanto rito de agregação contemporânea de novos sujeitos históricos cobiçou meu olhar e me induziu a pesquisá-la junto a um grupo de jovens que hoje se tatuam[1], o desconforto de um corpo marcado irreverentemente pelo autoritarismo concentracionário nazista determinou o percurso de pesquisa ora apresentado.

Um dos primeiros estímulos para uma pesquisa de campo é a atenção que nos é concedida nos encontros com nossos entrevistados, principalmente quando estamos diante de um assunto que, para muitos,

---

1. Esta pesquisa está publicada sob o título *Teorias da Tatuagem*.

ainda dói, ou pelo menos, ainda guarda lembranças dolorosas. Foi a acolhida simples, calorosa, carinhosa e sincera de cada encontro e, principalmente, os impressionantes depoimentos dos deportados, que me encorajaram a não desistir deste projeto, o de pesquisar adiante. Conservo aqui a autenticidade dos depoimentos escutados, e todos, quando em francês ou inglês e ainda não publicados, são subscritos como notas de rodapé, na língua original, conservando o caráter de oralidade do discurso registrado no cassete, para que o leitor possa, ele mesmo, lê-los em sua versão original.

Não tenho palavras para expressar minha gratidão a esses sobreviventes dos campos de Auschwitz, já citados aqui na dedicatória deste trabalho, por terem me concedido suas memórias. Muito mais do que está registrado aqui neste trabalho, está gravado em meu pensamento. Hoje escuto, com emoção, os ecos de suas vozes angustiadas, na maior parte das vezes hesitantes, ao relembrar os detalhes das invasões de privacidade e desconstrução humana, vividos nos anos dos campos e mesmo após, já que foram obrigados a conviver com essa injúria do campo impressa no braço esquerdo.

De minha parte, registro aqui a minha apreensão em trabalhar com um assunto tão delicado, angustiado, doloroso e complexo. Essa apreensão me acompanhou em todos os momentos desta pesquisa, desde as leituras preliminares, até os momentos da escritura deste texto. Ainda não encontrei palavras para traduzir todas as emoções, os balbucios, as dores e ressentimentos percebidos no decorrer de nossas conversas, nem acredito que um dia possa encontrá-las. Certamente, essa oportunidade de ter estado em contato direto com os últimos sobreviventes dessa tragédia mudou minha percepção da humanidade. E, assim, não coloco um ponto final neste trabalho, mas considero-o uma primeira e pequena divulgação do muito que ainda resta a ser dito.

A história desta pesquisa envolve muitos outros encontros e apoios que gostaria aqui de mencionar, como também ressaltar sua importância no percurso desses anos de pesquisa e elaboração deste texto. O primeiro deles refere-se ao meu encontro com Norma Tenenholz Grinberg, ceramista e professora da USP. Encontrei-a num curso de cerâmica, em Florianópolis. Por meio do prazer de sua amizade, conheci seu pai, Sr. Miguel Tenenholz e seu tio, Sr. Moises, primeiros interlocutores deste texto. Além das informações indispensáveis para minha pesquisa, criamos vínculos de amizade que se traduzem em diálogos memoráveis.

Também no âmbito das pesquisas de campo aqui no Brasil, agradeço ao Rabino Michel Leiptz, diretor do Lar Golda Meir, em São Paulo, pela atenção que me dispensou quando lá estive e conversei com Sr. Gerber e conheci a senhora[2].

2. Na ocasião em que estive no Lar Golda Meir, conheci uma senhora polonesa que não possibilitou algum diálogo. Por questões éticas não menciono seu nome.

PREFÁCIO   XVII

Em 1998, por meio de um incentivo da Capes, residi em Paris e conheci os professores Jackes Paim e Catherine Le Grand-Sebille, que gentilmente orientaram minhas pesquisas no período que lá estudei. A eles meus agradecimentos pelas escutas e leituras da minha pesquisa e seus diálogos pontuais a esse respeito. Também em Paris, gostaria de registar aqui meus agradecimentos às pessoas que sempre gentilmente me receberam na L'Assossiassion d'Amicale des Déportés d'Auschwitz, ocasião em que entrei em contato com os outros interlocutores desta pesquisa, já anteriormente mencionados.

Quatro anos transcorreram após a defesa desta pesquisa no doutoramento, e a partir de novos encontros com pesquisadores desta área e ex-deportados, muitos outros depoimentos, bibliografias, textos e reflexões sobre este assunto foram acrescidos ao texto inicial.

Em junho de 2002, quando de minha estada na África do Sul, logo após ter apresentado parte desta pesquisa no XII International Oral History Conference, em Pietermaritzburg, fui convidada pela historiadora e diretora da Foundation for Tolerance Education[3], Tali Nates, a visitar as instalações e conhecer os objetivos dessa fundação. Tali Nates me apresentou ao Sr. Don Krausz, ex-deportado dos campos da Holanda, que gentilmente confiou-me seu depoimento sobre os campos nazistas. A eles agradeço o interesse e estímulo pela minha pesquisa.

Recentemente, em 2004, tive o prazer de encontrar a Maria Luiza Tucci Carneiro, historiadora das questões judaicas no Brasil, que prontamente localizou outros ex-deportados residentes em São Paulo, interlocutores indispensáveis para completar este trabalho. A ela meus agradecimentos pelo interesse em minha pesquisa e a espontaneidade da ajuda.

No âmbito acadêmico, agradeço ao prof. Norval Baitello Jr. pela orientação às minhas pesquisas, desde meu ingresso em 1989.

Aos professores Denise Bernuzzi Sant'Anna, Eduardo Peñuela Cañizal, Alcindo Moreira Filho, Norma Tenenholz Grinberg e Miguel Chaia, meus agradecimentos pela oportunidade de tê-los tido na minha banca de doutoramento. Suas significativas sugestões e críticas contribuíram para a finalização deste texto.

Às professoras e amigas Cecile Perel, na França, e Maria Perpétua Queiroz Pretto, meu agradecimento pelas leituras atentas que fizeram do meu texto.

---

3. Essa fundação, criada em 1997, é sediada em Johannesburg. Sem fins lucrativos e com objetivos bem precisos, seus membros trabalham para o verdadeiro fim do *apartheid*, isto é, o fim das diferenças e a erradicação dos preconceitos em geral.

Além das pessoas ligadas diretamente à minha pesquisa, resta salientar o convívio prazeroso com os amigos parisienses, especialmente Sylvianne de Ben, Alice Tellier e Marine Fourniol, que com sua amizade me proporcionaram perceber e viver o charme parisiense.

Com carinho, registro aqui a contribuição afetiva de Nano, Matheus, Ricardo, Cláudia, Geraldo e Joana.

À Udesc/Ceart e Capes, meus agradecimentos pelo apoio financeiro a este trabalho.

Sessenta Anos Após o Fim dos Campos

> Podemos imaginar um povo vivendo seu presente e batizando seu futuro, mas esquecendo seu passado?
>
> HENRY BULAWKO, n. 130494[1]

Sessenta anos nos separam dos primeiros registros do objeto desta pesquisa: a sigla "KL" (Konzentrationslager)[2] e as matrículas numéricas concentracionárias tatuadas nos corpos dos deportados aos campos de Auschwitz, especialmente os judeus[3], maior população desses campos durante a Segunda Guerra Mundial. Este ritual invasivo, hostil e injurioso fazia parte do "cerimonial" de ingresso a esses campos a partir de maio de 1941.

A escolha deste tema segue dois propósitos, aqui não colocados em ordem de importância, mas de atenção. Primeiro, despertamos numa

---

1. Apud G. Cohen, *Les Matricules Tatoués des Camps D'Auschwitz-Birkenau*.
2. *Konzentrationslager*, vocábulo alemão que significa "campo de concentração".
3. Judeu não é uma raça, é uma religião. No primeiro capítulo do livro *Le Sionisme*, de Claude Franck e Michel Herszlikowicz, lemos: "A religião judaica é, por excelência, uma religião nacional. A Nação e Deus são indissoluvelmente unidos: O Eterno é o Deus de Israel. É em seu Nome que Moisés reuniu os hebreus presos no Egito e algumas tribos nômades do Sinai para os conduzir à Terra prometida, ao país de Canam. A conversão dos antigos habitantes desse país à religião do novos tempos (século XV ao XIII a.C.) resultou na composição étnica da nação judaica, até a destruição do Estado do Primeiro Templo e a captura da Babilônia (586-536 c.). Desde suas origens, portanto, o judaísmo jamais apresentou uma unidade racial. O mito de uma 'raça judaica' é uma invenção da polêmica anti-semita. A identidade judaica define-se, então, não por uma raça, mas por pertencer a uma nação que estabeleceu uma aliança com Deus, em virtude da qual, a propriedade da Terra de Israel lhe foi atribuída até o fim dos tempos".

2 AS NAZI-TATUAGENS: INSCRIÇÕES OU INJÚRIAS NO CORPO HUMANO?

sociedade em que a tatuagem está na moda. Muitos estão aderindo a esta prática de marcar o corpo e, conseqüentemente, muitos se animam para esta possibilidade e aprendem sua técnica. É importante saber usá-la. Comportamento definitivo, tanto sua técnica é extremamente importante – o que não é sujeito deste estudo –, quanto seu propósito, que é o sujeito desta pesquisa. Em outras palavras, "o saber usá-la", a que me refiro, diz respeito ao seu ritual, agregação ou exclusão. Documentos históricos e arqueológicos atestam que o homem mais distante de nós já tinha o corpo marcado[4]. Adorno ou magia, exclusão ou agregação, a tatuagem sempre foi uma técnica à disposição de nossas fantasias, sejam elas eróticas, macabras, excludentes ou tantas outras, difícil até mesmo de precisar. Certo é, todavia, que a tatuagem é um registro definitivo no corpo[5]; em outras palavras, é a convivência com a memória.

O segundo propósito deste tema coincide com uma questão também bastante atual – a aceitação e assimilação do outro. Auschwitz, com toda sua violência, hoje historicamente revisado, ainda que não amplamente, abre suas fronteiras a outros países e alerta-nos para os perigos da não-aceitação do outro. Hannah Arendt, nos anos de 1950, isto é, logo após o fim dos campos, já advertia que "a exterminação dos judeus pelos nazistas constituiu um ataque contra a diversidade humana como tal, ou mais ainda, contra um aspecto de tipo humano sem o qual o vocábulo mesmo, humanidade, não tem nenhum sentido"[6]. Assim, este trabalho objetiva perceber a importância da assimilação e aceitação do outro, que é a aceitação da diversidade humana e que é, em última análise, a aceitação de nós mesmos em toda nossa

4. No livro *The New Tattoo*, Victoria Lautman registra que em 1991 um caçador descobriu na Similaum Glacier, nos alpes italianos, um cadáver de cinco mil e trezentos anos com inscrições tatuadas nas costas e na parte traseira dos joelhos.

5. O dermatologista francês Gilles Rabary, autor do livro *Tatuage et Détatouage*, descreve inúmeros métodos de destatuagem: a "Trempage" – imersão da pele na água do mar – método utilizado pelos marinheiros do século XIX; "Destruction thermique" – cauterização com carvão ou ferro quente, ou até com queimadura a frio – método utilizado em casos de urgência, com fins de esconder marcas de incriminação judiciária; "Salabrasion" – método encontrado remotamente em Aétius, 543 anos a.C. e reeditado pelo médico alemão Dr. Klovekorn. Esse método consiste na possibilidade de destruir a tatuagem por fricção com sal de cozinha; "Destruction chimique" – menos utilizado atualmente, esse método consiste em queima com nitrato, pergamanato de potássio ou ácido tricloro-acético; "Dermabrasion" – método atualmente muito utilizado, consiste em queima química com aplicação de permanganato de potássio, tanino ou cloreto de sódio; "Chirurgie d'exérèse" – consiste na ablação da parte tatuada; "Le laser" – instrumento utilizado recentemente, consiste em raio luminoso que atua intradérmico e retira a tinta colorida; "Le surtatouage" – método que consiste em retatuar a tatuagem já existente, escondendo o desenho anterior. São todos métodos paliativos, como explica o Dr. Gilles Rabary, pois nunca eliminam completamente a marca da tatuagem.

6. Apud E. Traverso, *L'Histoire dechirée*, p. 94.

SESSENTA ANOS APÓS O FIM DOS CAMPOS

diversidade. A não-compreensão, aceitação ou assimilação desta diversidade certamente nos levará a construir outros "Auschwitz".

Ben Abraham, deportado por sua condição de judeu, em seu livro *Holocausto*[7] lembra: "A história demonstra que o anti-semitismo[8] é como uma epidemia. Pode aparecer quando menos se espera e com conseqüências imprevisíveis. Crises políticas e interesses econômicos sempre foram fatores predominantes que influenciaram o anti-semitismo"[9].

Também Primo Levi, ao evocar as motivações que o levaram a uma carreira de escritor-testemunho de Auschwitz, assim se pronuncia:

Isto aconteceu, portanto, isso pode voltar a acontecer.
Primo Levi n. 17451[10]

Eu escrevi *É Isto um Homem?* há quarenta anos, e naquela época eu me interessava exclusivamente à constatação jurídica, se é que eu possa evocar esse termo: eu queria testemunhar. E, de fato, o livro é escrito exatamente como fala um testemunho. Eu jamais me coloquei como um juiz, meus leitores é que devem julgar. Naquela época eu queria que fosse assim: meu propósito era de contar os fatos. Eu não falei do que não vi com meus próprios olhos. Minha intenção, enquanto escritor, era somente fazer um relato do que eu havia vivido.

Mais tarde, com o passar dos anos, eu constatei que o livro tinha também outra significação, que ele podia ser interpretado como um testemunho universal do que o homem ousa infligir ao homem, e, nesse sentido, ele não é uma exclusividade da Alemanha. Os fatos estão aí confirmando que coisas análogas não exatamente as mesmas,

7. Holocausto: oferta em que a vítima é toda queimada em homenagem a Deus sem que nada seja usado pelos homens. É um dos mais antigos sacrifícios em Israel, e era antes de tudo um ato de adoração ou de agradecimento, mais tarde se lhe atribuiu também um valor expiatório (Bíblia Sagrada, Levítico, Barsa, 1977, p. 76). Este termo, referindo-se ao extermínio dos judeus nos crematórios nazistas, foi empregado pela primeira vez pelo cineasta norte-americano Claude Lanzmann, quando da realização de seu filme *La Shoah*, em 1985. Annete Wieviorka, em seu livro *Auschwitz expliqué à ma fille*, critica o uso deste termo neste contexto, pois afinal os judeus não foram cremados num ritual de sacrifício a Deus, como prevê o texto bíblico, que emprega pela primeira vez o vocábulo Holocausto, explica a autora.

8. Anti-semitismo: Anti=contra, semita=denominação dos descendentes de SEM, filho mais velho de Noé – das famílias étnicas que povoaram o Oriente Médio nos tempos bíblicos: fenícios, assírios, arameus e os hebreus. Atualmente, os semitas são descendentes dos povos árabes e judeus. A palavra anti-semita dirige-se, particularmente, aos inimigos dos judeus. B. Abraham, *Holocausto*, p. 11. Essa expressão é atribuída ao alemão Wilhelm Marr quando, em 1879, lançou um caderno anti-semita que atingiu cerca de doze edições, em que defendia que a Alemanha havia sido dominada inteiramente pelos judeus. Maria Luiza Tucci Carneiro, *O Anti-semitismo na Era Vargas*, p. 22.

9. B. Abraham, op. cit., 1987, p. 13. Nota: Aqui vale lembrar que hoje com a crise no Oriente Médio já estamos presenciando, novos ataques aos judeus e sua cultura. Na Europa, sinagogas voltaram a ser incendiadas, judeus estão sendo atacados e os muros pichados com inscrições anti-semitas.

10. P. Levi, *Les naufragés et les rescapés*, p. 196.

4   AS NAZI-TATUAGENS: INSCRIÇÕES OU INJÚRIAS NO CORPO HUMANO?

mas outras muito comparáveis, produzidas em muitas outras partes do mundo, na URSS, na América Latina, na Indochina, ou no Irã. Se este livro, quarenta anos passados, continua vivo, é por causa disso, é porque os leitores – que são muitos, ele é traduzido em nove idiomas – se dão conta que este testemunho é mais universal no tempo e no espaço que eu não imaginava quando o escrevi[11].

O anti-semitismo, que tatuou milhares de judeus, ciganos e homossexuais, nada mais é do que a não-aceitação do outro na sua diversidade étnica, religiosa, política, econômica, sexual e social, e é ainda hoje amplamente vivido por nós e traduzido nas constantes intolerâncias, intrigas e guerras a que voltamos, ou sempre estivemos a presenciar. Rafael Esrail n. 173295 diz:

> Se pessoas como eu testemunham, e eu em particular, é porque existe agressividade por tudo, mesmo no Brasil, na França. Os valores morais e a dor física não existem só em Auschwitz. Eles mataram as pessoas de uma maneira sistemática, organizada, e isso foi político. Não se consideram os indivíduos como indivíduos, a consideração humana é negada, toda a verdade é negada para deixar passar uma mentira política, que é uma mensagem racista. É preciso que a gente faça as pessoas compreenderem que eles devem refletir eles mesmos, que se dêem pela conta, que se a gente sai da democracia, aí é o fim, todos os valores humanos terminam[12].

A escolha do tema tem sua atualidade nesses propósitos.

Ademais, sessenta anos nos distanciam dessas marcas impressas nos corpos e começam a exigir de nós outros registros que assegurem a continuidade deste testemunho da barbárie. Segundo Harry Pross, "a escrita faz-se evidente e assegura a linguagem, a faz transportável enquanto são transportáveis seus suportes materiais. A continuação do discurso requer novos suportes e novos princípios"[13]. Em outras palavras, para que este passado de aniquilação de um homem não seja esquecido é preciso traduzi-lo a outras linguagens e a outros suportes. A linguagem aqui escolhida é a memória de alguns ex-deportados tatuados nos campos nazistas; o suporte, a escrita deste texto.

---

11. Apud R. Laffont. *Conversation et entretiens*, p. 93.

12. "Si des gens comme moi témoin et en particulier moi, c'est parce qu'il y a des malheurs partout, même au Brésil, en France, regarde, les valeurs morales et la douleur physique elle existe partout, et n'est pas seulement à Aushwitz. Ils ont tué des gens, d'une manière systématique, d'une façon organisée et ça c'était politique. On ne considère pas des individus comme des individus et la considération humaine on la nie, on nie toute la vérité pour laisser passer un mensonge politique, qui est une message raciste. Il faut qu'on fasse comprendre aux gens, qu'ils doivent réfléchir pour eux-mêmes, qu'ils s'en rendent compte, qu'ils comprennent que si on sort de la démocratie, peu importe la démocratie, et bien alors, c'est fini, ça c'est fini, toutes les valeurs humaines sont finies". Entrevista realizada em Paris, março de 1999.

13. H. Pross, *La Violencia de los Símbolos Sociales*, p. 123.

As Nazi-tatuagens: Inscrições ou Injúrias no Corpo Humano? registra, já no seu título mesmo, mais um dos múltiplos pontos de interrogação das injúrias referentes aos campos de Auschwitz que inscreveram os deportados a esses campos na história do século XX.

> A voz, como o corpo, é um meio através do qual fluem os sentimentos.
>
> ALEXANDRE LOWEN[14]

Não é objeto desta pesquisa responder a essa pergunta, mas registrar mais uma vez a voz desta interrogação na escuta das memórias de alguns dos deportados a esses campos. Catherine Le Grand-Sebille, em sua tese *La mémoire d'une maison maternelle,* escreveu: "nós evocamos seguidamente em ciências sociais o problema de dupla linguagem: entre a palavra falada e a palavra pensada, entre a palavra pensada e a palavra censurada, entre a palavra de ontem e a de hoje". Da mesma forma, explica Candau na introdução de seu livro *Mémoire et Identité,* que o consenso geral reconhece que a memória é antes de tudo uma reconstrução continuamente atualizada do passado, mais que sua reconstituição fiel. E cita Pierre Nora quando diz que a memória, com efeito, "é um chassis mais que um conteúdo, é uma habilidade sempre disponível, um conjunto de estratégias em que o estar lá significa menos o que é, do que como nós o fazemos"[15]. Isto especialmente quando pensamos em memorar um passado doloroso e constrangedor, que nos confronta com lembranças para as quais não existem palavras nem para serem ditas e menos ainda compreendidas. "Nós voltamos do campo falando de um horror que não encontrávamos palavras", diz Henry Bulawko n. 130494[16]. Memorar é fazer uma leitura do passado, uma tradução interpretativa dos fatos que modificaram nossa história. Nas palavras de Candau, a idéia segundo a qual as experiências passadas seriam memorizadas, conservadas e recuperadas em toda sua integridade é "insustentável"[17]. "Passa muito tempo", diz Majer Jesion n. 143062[18], "não se guarda tudo. Contar momentos bons, momentos ruins... memória é memória, naquele tempo eu era jovem... agora a cabeça não guarda tudo, mas as lembranças sempre voltam". A esse respeito, também as observações do historiador Alessandro Portelli são significativas:

> As histórias de vida e os relatos pessoais dependem do tempo, pelo simples fato de sofrerem acréscimos e subtrações em cada dia da vida do narrador. [...]. Uma história de vida é algo vivo. Sempre é um trabalho em evolução, no qual os narradores examinam a imagem do seu próprio passado enquanto caminham. [...]. As versões das pessoas

14. A. Lowen, *Prazer*, p. 23.

15. J. Candau, *Mémoire et Identité*, p. 1.

16. Apud G. Cohen, op. cit., s/n.

17. J. Candau, op. cit., p. 1.

18. Majer Jesion n. 143062, em 1940, aos 17 anos, saiu de casa em Gostynin, a 120 km de Varsóvia, na Polônia, para comprar um pão. Só lá retornou em 1998, quando, após uma cirurgia cardíaca, resolve rever sua cidade. De 1940 a 1945 passou por

6   AS NAZI-TATUAGENS: INSCRIÇÕES OU INJÚRIAS NO CORPO HUMANO?

sobre seus passados mudam quando elas próprias mudam. A mudança pessoal tende a ser muito mais imprevisível e de menor alcance do que a mudança coletiva, assim como, muitas vezes, mais consciente e desejada. [...]. Assim, as estórias mudam tanto com a quantidade de tempo (a experiência acumulada pelo narrador) quanto com a qualidade do tempo (os aspectos que ele quer enfatizar durante a narrativa). Nenhuma história será contada duas vezes de forma idêntica. Cada história que ouvimos é única[19].

Completando, nas palavras de Pedro Nava:

é impossível restaurar o passado em estado de pureza. Basta que ele tenha existido para que a memória o corrompa com lembranças superpostas. Mesmo pensando diariamente no mesmo fato sua restauração trará de mistura o analógico de cada dia – o que chega para transformá-lo[20].

Além disso, no passar desses anos, alguns ex-deportados decidiram agrupar-se em associações que foram reunindo os depoimentos e conferindo oficialidade às memórias dos ex-deportados, prevalecendo nessas associações a memória do grupo. Isto porque, por meio do desenvolvimento do sentimento de pertencimento a um grupo, as memórias passam a ser formalizadas mais especificamente na memória do grupo. Michael Pollak salienta o conceito de memória enquadrada de Henry Rousso, em que "todo trabalho de enquadramento de uma memória de grupo tem limites, pois ela não pode ser construída arbitrariamente". Nessa perspectiva, temos que levar em conta que "esse trabalho de enquadramento da memória tem seus atores profissionais", completa Pollak[21].

Do lado oposto ao enquadramento da memória de grupo, há ainda que se pensar na memória daqueles para quem o silêncio constitui uma forma extrema de protesto. Permanecer mudo, não falar, é também uma forma de memorar com dimensões muito significativas.

Com efeito, esta pesquisa não tem por objetivo trazer o passado para o presente, o que é impossível, mas mostrar como esta forma de memória, a tatuagem numérica concentracionária ou a inscrição da sigla "KL", foi e é vivida, percebida e lembrada no decorrer destes sessenta anos que nos distanciam, ou nos aproximam, da deportação. A distância entre o passado e o presente é a memória inscrita no corpo,

quatro campos, sendo o pior deles o de Birkenau, ao lado de Auschwitz. Na saída dos campos, foi morar em uma pensão, na Alemanha. Veio para o Brasil em 1949, após o contato de uma tia que aqui residia. No Brasil, trabalhou como comerciante, casou e teve quatro filhos. Hoje mora em São Paulo.

19. A. Portelli, "O Momento de Minha Vida: Funções do Tempo na História Oral" em *Muitas Memórias, Outras Histórias*, p. 298.

20. P. Nava, "Balão Cativo", apud Luiz Antonio Jorge, "A Procura do Espaço pelo Tempo. A Arquitetura dos Casarões da Infância" em *Projeto "Poéticas do Urbano"*, 2004. www.ceart.udesc.br/poeticasdourbano.

21. M. Pollak, "Memória, Esquecimento, Silêncio" em *Estudos Históricos*, p. 9.

SESSENTA ANOS APÓS O FIM DOS CAMPOS 7

sempre presente. Esta é uma cicatriz que não cicatriza. Este é um passado que não passa[22].

Conversei com alguns dos sobreviventes dos campos, não muitos – catorze ao todo. No Brasil, em São Paulo, em 1998, entrevistei os irmãos Miguel e Moises Tenenholz KL, poloneses que vieram para o Brasil nos anos de 1960, após 15 anos na Bolívia. Ainda em São Paulo, no Lar Golda Meir encontrei Gleber KL, polonês que chegou ao Brasil em 1947, e uma senhora, também polonesa, residente neste Lar, que significativamente me mostrou seu número tatuado no antebraço esquerdo, mas silenciosamente negou-se a falar sobre sua deportação e a marca numérica em seu antebraço. Como já expressei anteriormente, considero esse depoimento mudo de extrema importância, pois nos faz perceber a dimensão dessa memória há sessenta anos inscrita no corpo. Completando os depoimentos realizados aqui no Brasil, em 2004, entrei em contato com Bella Herson, Majer Jesion n. 143062, Sara Fominko n. A-11224B e Janina Landau Schlesinger.

Em 1998, por meio de um incentivo da Capes, passei um ano na França, em Paris, onde foi possível entrar em contato com Henri Wolff n. 62571, Raphael Esrail n. 173295, Jacques Altman n. 173708, Yvette Lévi n. A-16696 e Irene Hajos ∇ n. 80957. Em janeiro de 1999, por sugestão de Henri Wolff n. 62571, realizei uma viagem guiada por ele e mais três deportados – e alguns historiadores – aos campos de Auschwitz e Birkenau. Mesmo ciente de que esses campos hoje estão preparados como espaços museológicos, organizados para visitas históricas e não mais para aprisionar pessoas, conhecer o espaço que segregou milhares de seres humanos, alguns deles presentes em minha pesquisa, permitiu-me outras formas de percepção dos depoimentos gravados, que se traduziram em escrituras publicadas neste texto. Em 2002, por ocasião de um congresso de História Oral, em Pietermaritzburg, na África do Sul, quando apresentei parte desta pesquisa, obtive contato com mais um ex-deportado aos campos de concentração nazista. O holandês Don Kraus esteve retido nos campos de Westerbork, na Holanda, e hoje trabalha numa associação sul-africana para a educação da tolerância, The Foundation For Tolerance Education. Informado de minha pesquisa, Don Krausz, mesmo que sobrevivente dos campos da Holanda, onde a tatuagem não foi praticada, prontificou-se a depor sua subjetividade, estada no campo de concentração, sua vida após o fim dos campos e seu significativo trabalho atual na fundação acima mencionada. Esse depoimento, ainda que vindo de uma voz distante dos campos de Auschwitz e Birkenau, mostrou-se extremamente próximo das angústias e indagações que sempre estão presentes nos depoimentos dos sobreviventes dos campos nazistas e muito veio a

---

22. Henry Rousso assim se referiu no seu estudo "Syndrome de Vichy": "este é um passado que não passa", apud G. Noiriel, *Les Origines républicanes de Vichy*, p. 14.

8 AS NAZI-TATUAGENS: INSCRIÇÕES OU INJÚRIAS NO CORPO HUMANO?

contribuir para esta pesquisa. A impossibilidade de escutar muitas outras vozes – muitos já se calaram, outros nunca quiseram falar – levou-me a articular as vozes registradas por mim com algumas já publicadas, ou sob forma de memórias, ou como depoimentos a outros pesquisadores. Por exemplo, de grande valia para minha pesquisa foi o livro *Les matricules tatoués des camps d'Auschwitz – Birkenau*, de Gilles Cohen, neto de um ex-deportado que, em 1973, após ouvir algumas falas dos deportados em tom de "injúria nervosa e triste", como definiu o autor, decidiu reuni-las em uma publicação. Nesse livro, Gilles Cohen publica esses depoimentos sem comentá-los. Também as memórias de Primo Levi n. 174517, Jean Améry, Eva Tichauer n. 20832 e Simone Lagrange n. A8624, já publicadas em livros autobiográficos, são aqui citadas.

Assim, o ponto de partida foram as marcas tatuadas e a escuta das memórias determinadas por essas marcas. Essa escuta foi preferencialmente estabelecida como uma conversa, isto é, sem o estabelecimento de um questionário prévio que pudesse induzir a respostas direcionadas. Gravados em cassetes, posteriormente os diálogos mais relevantes foram transcritos e inseridos no decorrer do trabalho, respeitando a autonomia de cada voz em suas diferentes identidades e seus diferentes percursos de vida e memória.

Apoiada nesses dois sistemas de comunicação, um não-verbal – a marca tatuada no antebraço esquerdo –, outro verbal – a oralidade dos depoimentos dos ex-deportados –, passei a construir o texto ora apresentado.

Na elaboração deste texto, priorizei o rememorar das relações vividas no coletivo – primeiro no campo; corpo desfigurado, desumanizado a partir da eliminação das "estéticas civilizatórias", roupas, cabelos, configuração muscular, carne –, identificado apenas por uma marca racial, política e religiosa – número seguido de letra ou símbolo –, e depois, na sociedade, corpo estigmatizado pela tatuagem nazista. Esse coletivo a que me refiro compreende o meio social e político. Delineia-se, assim, a impossibilidade de se ler esses signos – tatuagens concentracionárias – sem um apoio histórico referente à época em que essas marcas foram impressas e, posteriormente, vividas, percebidas e memoradas no percurso sociopolítico destes sessenta anos.

Partindo desse princípio, também algumas publicações sobre Auschwitz e a construção dos campos são aqui citadas como o reconhecimento da situação político-administrativa referente à época das arrestações dos judeus aos campos de concentração, bem como a respeito do período pós-campos. De muita importância para este trabalho foi o livro *Les origines républicaines de Vichy*, de Gérard Noiriel, no qual o autor expõe os alicerces do governo republicano de Vichy, colaborador direto do regime nazista e que, conseqüentemente, promoveu a deportação dos judeus que habitavam na França aos campos de

Auschwitz. Nesse livro, Noiriel nos encaminha aos bastidores das ciências médicas e sociais francesas, bem como aos gabinetes políticos administrativos desse país, e ao embaraçamento desses órgãos nas políticas raciais, ou seja, no anti-semitismo que se reafirmou na Europa do século XX e conduziu os judeus aos campos. Da mesma importância foi o livro *L'Histoire déchirée*, de Enzo Traverso, em que o autor expõe as falas, ou o silêncio, de alguns intelectuais a respeito da Segunda Guerra Mundial. Também de grande importância para a referência histórica deste trabalho foi *The Black Book of Comunism*, editado inicialmente na França em 1997, por Stéphane Courtois, e reeditado em versão inglesa em 1999; esse livro reúne seis autores, todos ex-comunistas, que indignados com os horrores vivenciados nos países comunistas e, segundo eles de extrema proximidade com o regime nazista, inclusive quanto às políticas de segregação dos judeus e de todos não enquadrados no sistema proposto, decidiram romper com sua ideologia comunista e denunciar as barbáries por eles presenciadas. Do lado brasileiro, destaco os livros de Ben Abraham[23], judeu deportado, hoje morando em São Paulo, e *O Anti-Semitismo na Era Vargas*, de Maria Luiza Tucci Carneiro. Por meio de uma ampla e minuciosa documentação, Tucci Carneiro nos aclara a história dos bastidores das políticas brasileiras de discriminação racial, construída a partir de idéias importadas da Europa, especialmente a teoria da eugenia, que muito influenciou nosso meio social, intelectual e, especialmente, político, durante o Estado Novo – exatamente nos anos que antecederam e sucederam os campos de concentração. Com base nos preconceitos da teoria da eugenia, o governo brasileiro passou a emitir leis e circulares secretas que impediram ou dificultaram a imigração de judeus para o Brasil nesse período. Além desses livros, a revista *Análise Shalom*, sobre o Holocausto, também auxiliou na compreensão da condição judaica durante o regime nazista, especialmente no longo retorno à suposta sociedade livre de preconceitos[24]. Resta ainda aqui citar alguns outros livros que abordam diretamente a condição judaica como tal, desde suas origens até sua atualidade sociopolítica, são eles: *Le Sionism* de Claude Franck e Michel Herszlikowicz, *Moyen-Orient* de Alain Duret, *The Arab Israeli Dilema* de Fred J. Khourie, *Origens do Totalitarismo*, de Hannah Arendt e, também, *The Jews in the Soviet Union since 1917*, de Nora Levin. Importante notar que não pretendo estabelecer um inventário histórico da condição judaica nos campos e nem mesmo após. O objetivo desta pesquisa é perceber a dimensão de uma marca de memória de princípio excludente impressa no corpo, nosso mais íntimo traje.

23. Ver "Bibliografia".
24. Ver na "Bibliografia", outros livros que auxiliaram de diferentes formas na elaboração deste texto.

10 AS NAZI-TATUAGENS: INSCRIÇÕES OU INJÚRIAS NO CORPO HUMANO?

A escuta das vozes e as leituras dos textos históricos articulam este trabalho em duas partes: a deportação e a liberação.

A primeira parte desta pesquisa – "a deportação" – inclui os rituais de desumanização praticados desde as arrestações até o fim dos campos. Esta primeira parte divide-se em dois capítulos. O primeiro capítulo – "Auschwitz, Birkenau, Monowitz e Campos Associados" – informa a idealização, localização, construção, capacidade dos campos e a filosofia desses campos, vale dizer, a aplicação da lei totalitarista – o terror. O segundo capítulo, "A Aniquilação de um Homem", como já expressou Primo Levi n. 174517, subdivide-se em cinco partes. A primeira subdivisão – "Injuriar" – define "a aniquilação de um homem" a partir do ato injurioso, isto é, a partir das violências ao corpo indefeso. Os subcapítulos 2 e 3 descrevem os primeiros atos injuriosos já cometidos no percurso dos trens aos campos, a chegada a esses campos e a perda dos primeiros referentes humanos. O subcapítulo sobre a "operação-tatuagem" e o subseqüente, a respeito desse procedimento, registram uma abordagem histórica dessa ação nos campos de Auschwitz e a seguir os depoimentos que confirmam a violência, a assimilação ou codificação dessa na sobrevivência diária nos campos e a perda definitiva da identidade, a partir desta marca.

A segunda parte segue o caminho dos deportados após o fim dos campos, ou o que ficou conhecido como "liberação". Entretanto, antes de segui-los são necessárias algumas notas introdutórias a respeito da condição judaica antes da deportação, ou seja, "o que éramos?"[25] (capítulo 3). Em outras palavras, o objetivo desse capítulo é comentar as fontes do anti-semitismo próximo aos anos dos campos de concentração e os métodos de controle da população que facilitaram as arrestações dos milhares de judeus a esses campos. O capítulo 4 "O Fim dos Campos – O Anti-semitismo Renovado", dedica-se ao retorno dos deportados e à acolhida a eles nos seus países de deportação, ou a outros países, já com a estigmatização anti-semítica impressa no corpo.

No capítulo 5, "As Nazi-Tatuagens: Inscrições ou Injúrias ao Corpo Humano?", enuncio algumas das inúmeras circunstâncias nas quais esta inscrição é vivida e percebida no nosso cotidiano sessenta anos após o fim dos campos. Código de estigmatização? Advertência? Uma parte de si mesmo? Legião de honra? Lembrança injuriosa? Documento histórico? O que somos? O que eu sou? Esse capítulo expressa algumas inquietações, mágoas e pronunciamentos ainda presentes nas memórias dos depoentes e na minha também com quem convivi por um curto, mas significativo período. Por meio do conjunto de suas vozes, até então anônimas ou escamoteadas pela história oficial, deparo-me com

25. Expressão empregada por Primo Levi n. 174517 em seu livro *É Isto um Homem?*.

um ponto de interrogação, com o qual intitulei esta pesquisa e com o qual a termino.

Tendo definido o tema, o método e a divisão do trabalho e dos capítulos, resta ainda aqui na introdução colocar, em linhas gerais, algumas considerações sobre o suporte dessa inscrição – o corpo –, e o método de inscrição nesse suporte – a tatuagem.

O corpo é o primeiro suporte da comunicação, o mais próximo das relações sociais, já assim advertiu o cientista político Harry Pross em muitos de seus escritos. Nada é mais próximo da comunicação humana do que nosso próprio corpo. Ciente disso, a cultura faz do corpo seu pertence. As transformações do corpo atendem aos mais variados rituais. Por espírito de grupo, solidariedade, crenças na prevenção de doenças ou mau-olhado, exclusão política – religiosa e social –, ou por patologia social, as marcas feitas no corpo nunca são neutras aos olhos dos membros da cultura e nunca são percebidas pelo seu portador como indiferentes. Os rituais que envolvem a participação direta do corpo imprimem nele uma outra estética, alteram o comportamento do indivíduo e afirmam o grau de participação dele na cultura. Nessa medida, as políticas que comprometem o corpo, agregando-o ou excluindo-o, ornamentando-o ou desfigurando-o, subjugando-o ou manipulando-o – hoje possíveis até de manipulação genética –, expressam todo o imaginário mítico e a dominação sócio-político-cultural de cada grupo e época.

A tatuagem concentracionária nazista é um exemplo dessa dominação política-cultural do corpo levada às últimas conseqüências; lembrando Frances Borel, as interferências praticadas no corpo são simultaneamente amplificadas ou reduzidas pelo ritual[26].

O ritual da tatuagem nazista, como veremos no decorrer deste texto, sempre foi carregado de violência física e simbólica, o que por si só já significava uma forma de marca permanente na memória dos deportados.

A tatuagem é uma técnica cirúrgica[27] de escrita definitiva gravada no corpo e parece existir desde tempos remotos. Sua história, seus propósitos, técnicas e crenças seguem a diversidade da imaginação humana. Por prazer, magia, crença ou repulsa, o tatuador fura os tecidos da pele e fixa o corante extraído de vegetais, animais, minerais, óxidos – ou outro produto químico qualquer – na epiderme, camada mais profunda da pele, modificando sua aparência definitivamente. Espinha de peixe, espinho de planta, agulhas, pregos ou qualquer material pontiagudo que possibilite furar a pele para inserir o corante em

---

26. F. Borel, *Le vêtement incarné*, p. 45.

27. A palavra "cirurgia" vem do radical grego *chir (o),* que significa mão; na medicina ocidental quer dizer uma intervenção manual e instrumental, principalmente no interior do corpo. Traduzido do dicionário *Le Robert micro Poche*, p. 221.

12 AS NAZI-TATUAGENS: INSCRIÇÕES OU INJÚRIAS NO CORPO HUMANO?

pó ou líquido[28] são os materiais suficientes para se marcar definitivamente um desenho, uma letra ou um número no corpo humano. Pontos
consecutivos formam as linhas, que configuram os desenhos ou códigos que se circunscrevem no corpo, imortalizando a lembrança do ritual ao qual esse procedimento esteve a serviço.

Katzenstein, que fez uma extensa pesquisa sobre a origem do livro e da impressão, assim se expressa:

A escrita e a pintura são registros mais superficiais – bidimensionais, portanto.
Os instrumentos – penas, pincéis, lápis – deslizam suavemente sobre a superfície, dei-
xando-a intacta. A escrita e a pintura são mais efêmeras, podem ser apagadas com mais
facilidade. Entretanto, a gravação é um trabalho tridimensional, relacionado à escultu-
ra. O gravador faz uma incisão na superfície de seu material, introduzindo nele um
instrumento, com força, até que ele se rompa. As gravações não podem ser apagadas.
Na Bíblia, a palavra "gravado" significa "indelével", "irrevogável"; em hebraico, o
termo usado para gravação transmite a idéia de eternidade[29].

E o verbo hebreu a que se refere Katzenstein é *zekher,* que além de
"gravar" também significa "lembrar-se". O gravar, assim, guarda o
desejo de preservar sob forma de escrita uma memória. A tatuagem é
uma escrita gravada no corpo, como já esclareci acima, não pode ser
apagada, sempre restarão cicatrizes.

As palavras desvanecem com sua enunciação e os fatos podem ser
lembrados, memorados ou adulterados. A escrita, ao contrário, afronta
dimensões do espaço e do tempo. A escrita afirma que nós não estamos
apenas no "aqui e no agora", mas que nossa vida está inscrita num
projeto que ultrapassa nossa existência para adquirir um significado
histórico e cultural. "A história não existe a não ser pela escrita", lembra Candau em seu livro *Mémoire et identité,* e enfatiza:

o homem quase nunca confia em seu cérebro para estocar informações memoráveis.
Ainda muito cedo ele inventou formas de extensões de sua memória e signos
transmissíveis. [...]. A escrita – e mais ainda a impressão – permite uma socialização da
memória ao oferecer a possibilidade de estocar as informações às quais o caráter fixo
pode servir de referentes coletivos mais facilmente que a transmissão oral[30].

Assim, é pela escrita que nos humanizamos, tornamo-nos sujeitos
sociais inscritos num espaço e perpetuados num tempo. Já na sua
etimologia, a palavra "(in)screver" esclarece seu significado, isto é, escrever *in,* dentro, profundamente. Estar inscrito significa ter escrituras,

28. Conta Stoppa, tatuador em Florianópolis, que os prisioneiros, sem acesso a
outros materiais, muitas vezes usam o pó das lâmpadas para colorir os desenhos e os
marinheiros, igualmente sem acesso a outros materiais, usam a tinta da lula ou polvo.
Mas os corantes são infinitamente variáveis. A esse respeito discorro mais no livro
Teorias da Tatuagem.
29. U. Katzenstein, *A Origem do Livro.* Apud C. M. A. Ramos, op. cit., p. 92.
30. J. Candau, op. cit., pp. 99-100.

SESSENTA ANOS APÓS O FIM DOS CAMPOS

pertencer a um grupo, estar registrado, matriculado em alguma sociedade. Desejo permanente de memorizar. Preservar sua cultura é uma necessidade humana fundamental. Documento de expressão e de conservação da memória transmissível, a escrita é, nessa medida, o "código genético" da cultura, como já mencionou Baitello[31]. *DNA* da cultura, a escrita guarda todas as informações, crenças e descrenças criadas nos núcleos sociais. Cientes da autoridade da escrita, as culturas desde muito cedo preservavam seus textos em lugares sagrados; o corpo é um deles, e a tatuagem, o método de escrita gravada neste suporte.

Ao lado das escarificações, queimaduras (*branding*) e perfurações (*piercings*), a tatuagem é uma das muitas formas irreversíveis de escrever no corpo, talvez a mais recorrente e diversificada, tanto no seu propósito quanto na sua possibilidade de registro de mensagem codificada. Ritual que rompe a pele – nosso órgão responsável pelo sentido do tato e, provavelmente, o mais importante dos sentidos, como já advertiu o médico Ashley Montagu[32] –, com a tatuagem tocamos profundamente o corpo do outro, e tocar é comunicar. Por meio da tatuagem comunicamos nossa afeição ou repulsa ao corpo do outro. Agregação ou exclusão irrevogável, esse ritual altera nossa percepção em relação ao nosso próprio corpo. A tatuagem, como diz Stoppa, um dos primeiros tatuadores do Brasil, "é uma marca, uma identidade"[33].

Na antiguidade bíblica, a tatuagem era um signo de estigmatização. Conta a Gênese que quando Caim matou seu irmão Abel, o Senhor lhe disse:

Agora, pois, serás maldito sobre a terra, que abriu a sua boca e recebeu o sangue de teu irmão da tua mão. Quando tu a tiveres cultivado, ela te não dará os seus frutos. Tu andarás vagabundo e fugitivo sobre a terra. E Caim disse ao Senhor: "O meu crime é muito grande para alcançar o teu perdão. Tu me lanças hoje fora da terra; e eu serei obrigado a me esconder diante da tua face; e andarei vagabundo e fugitivo na terra. O primeiro, pois, que me encontrar matar-me-á". Respondeu-lhe o Senhor: "Não será assim, mas todo o que matar Caim será por isso castigado sete vezes em dobro". E pôs o Senhor um sinal em Caim, para ninguém que o encontrasse o matar[34].

31. Apud C. M. A. Ramos, op. cit., p. 55.
32. A. Montagu, *Tocar*, p. 6.
33. Apud C. M. A. Ramos, op. cit., p. 112.
34. O livro sagrado dos judeus é a Torá, que é o Pentateuco. (Gênesis, Êxodo, Levítico, Números, Deuteronômio). O Pentateuco é conservado no cristianismo, como Antigo Testamento. Gênesis, primeiro livro, trata da origem do mundo, história do mundo. Êxodo, segundo livro, palavra de origem grega, significa saída. Narra a saída dos judeus do Egito, a primeira perseguição que sofreram os judeus. Levítico, terceiro livro, trata do culto divino para cujo ritual Deus escolheu a tribo de Levi. Registra a legislação mosaica concernente à pureza legal e santidade dos sacerdotes, as festas, votos e dízimos. Números, quarto livro, trata do senso do povo judeu. Um ano após a partida do Egito, prepara-se Moisés para a conquista da Palestina. Para isto faz, por tribos, o recenseamento dos homens válidos para a guerra e lhes determina os respecti-

14   AS NAZI-TATUAGENS: INSCRIÇÕES OU INJÚRIAS NO CORPO HUMANO?

O Senhor tatuou Caim, o primeiro "pecador". Imprimiu nele a marca da eterna culpabilidade. Mas também o protegeu de qualquer vingança. Submetida a um simbolismo bíblico, a tatuagem passa a ser uma interdição religiosa. Se o Senhor imprimiu uma marca tatuada no homem, o homem não pode ele mesmo tatuar-se, como adverte o Levítico 19, v. 28, "Não fareis golpes na vossa carne, pranteando mortos; nem fareis figuras algumas, nem marcas sobre o vosso corpo"[35].

No contexto bíblico, tatuar tem propósito de exclusão ou diferenciação de um corpo no social, representa imprimir nele uma mácula, símbolo de uma contaminação, que exclui o corpo do convívio social[36].

A partir desta interdição religiosa legislada já no antigo testamento, as religiões judaica e cristã, que lêem este Livro Sagrado, passaram a proibir a prática da tatuagem[37].

Ainda num contexto religioso, na Bósnia, século XII, conta Caruchet[38] que uma cruz latina era inscrita na testa dos cristãos com a finalidade de isolá-los dos muçulmanos[39].

Mas não só em contexto religioso há registros de marcas tatuadas com propósitos de segregação. Da antigüidade aos dias de hoje, as marcas não cessam de excluir social ou politicamente os indivíduos. O sistema judiciário registra a aplicação de marcas a ferro quente nos prisioneiros desertores. Por exemplo, na Roma antiga, os criminosos foram primeiro marcados na testa, depois, na era de Constantino, a marca passou a ser na mão ou na perna. No corpo dos escravos, dos prisioneiros ou dos desertores era impressa uma tatuagem em forma de cavalo, coruja ou armas reais. Já nas prostitutas era marcada uma flor de lis como sinal de exclusão. No fim do século passado, o Japão marcava os ladrões com uma cruz no braço, e a cada nova infração, uma outra cruz era tatuada[40].

vos lugares na marcha e nos acampamentos. Este recenseamento era de caráter religioso, era para a guerra santa de conquista da Palestina, portanto lícito, mas o feito por Davi foi castigado como ilícito, pois só a Deus, senhor do povo, competia ordená-lo. Deuteronômio, quinto livro, significa segunda lei, porque repete e explica a lei dada no Monte Sinai. *Bíblia Sagrada*, Gênesis, 4, op. cit., p. 4.

35. Idem, p. 9.

36. Segundo Tenenhaus, esta proibição bíblica tratava-se, provavelmente, de uma prevenção sanitária devido à transmissão da lepra, já que ela se situa dentro das normas de lei para a purificação da lepra. *Le tatuage à l'adolescence*, p. 26.

37. Também o islamismo, terceira religião monoteísta, proíbe esta prática. No Coram lemos: "a tatuagem é uma marca satânica, causa maldição, as abluções rituais não têm nenhum efeito sobre a pele tatuada". Apud G. Rabary, *Tatouage et détatouage*, p. 33.

38. W. Caruchet, *Le tatuagem ou le corps sans honte*, p. 105.

39. Mas também há relatos da cruz tatuada na testa dos cristãos peregrinos, a fim de, no caso de morte em peregrinagem, lhes fosse atribuído um ritual cristão de sepultamento. Idem, p. 105.

40. Idem, p. 136. Essa escrita de exclusão é infinita. A esse respeito ver também, C. M. A. Ramos, op. cit., e G. Ribary, op. cit.

Também no sistema penal Moscovita, na Rússia imperial, a inscrição corporal era um componente essencial. Até a era de Catharina, a Grande, conta Abby M. Schader, membros de todas as classes sociais e ambos os gêneros eram sujeitos a várias formas de punição corporal, incluindo *branding*, escarificação e tatuagem. Em grande parte, isso se deve ao fato de ser a marca corporal considerada por eles um importante instrumento administrativo, com o qual oficiais atribuem status aos indivíduos, classificando-os em diferentes grupos, e, dessa forma, exercendo controle sobre eles, prevenindo-os de fugir. Em 1828, o chefe russo do Staff General Adjutant Prianishnikov sugeriu que os *brands* fossem colocados nos braços dos fugitivos exilados presos pela polícia, a fim de facilitar a identificação no caso e uma segunda arrestação. Em 1845, enquanto o governo geral da Rússia propõe elaborar códigos, para que a polícia pudesse determinar o nome do exilado e o lugar de onde ele havia escapado, essa marca começa a ser usada também por eles mesmos como códigos de identificação e status dos grupos de refugiados. No processo de apropriação dessa tática, construindo uma identidade corporativa entre eles, os vadios e os detentos subvertiam o poder das relações inerentes às autoridades e a transformavam numa estratégia de resistência[41].

A prática da inscrição no corpo desenvolvida e perpetuada pelos fugitivos exilados na Sibéria acabou tornando-se uma tradição durante o começo do século XX, na Rússia. Ainda no tempo dos tsaristas, especialmente porque os vadios consideram-se perfeitos ladrões profissionais, como uma elite do mundo criminal, eles queriam impor respeito nos presídios e a marca da tatuagem era um código de identificação e hierarquia. Numa série de entrevistas conduzidas na prisão Dopr, na Ucrânia, e em Moscou, em 1920, investigadores determinaram que de 60% a 70% dos detentos tatuados adquiriram as tatuagens na prisão e nas condições acima citadas[42].

Mas não só na Rússia a prática da tatuagem no final do século XIX e começo do século XX era um atributo de exclusão social ou marca de grupos marginais.

Redescoberta na Europa, no começo do século XX, a partir das pesquisas de especialistas médico-legais e dos criminologistas – especialmente os criminologistas Cesare Lomborso (1836-1909) e Alexandre Lacassagne (1843-1924), cuja investigação da tatuagem na Itália e na França revelava ricos arquivos de imagens e as condições e motivos de atributo criminoso, ativista ou degenerado, aos quais as tatuagens eram adquiridas – essa prática logo provocou um importan-

---

41. A. Schrader. "Branding the Other/Tatooing the Self: Bodily Inscription among Convicts in Russia and the Soviet Union". Em *Written on the Body. The Tatoo in European and American History*, p. 182.

42. Idem, p. 187.

16 AS NAZI-TATUAGENS: INSCRIÇÕES OU INJÚRIAS NO CORPO HUMANO?

te debate internacional entre os criminologistas desses países. Além disso, outras informações sobre essa prática de tatuar o corpo, proveniente das expedições dos navegares às ilhas da Oceania – especialmente o Capitão Cook – representaram igualmente um choque cultural. As conclusões desses debates apontaram a tatuagem como um atributo ao criminoso, ou então era tida como uma forma tola e incivilizada de ornamento, ou decoração bizarra herdada dos marinheiros e dos selvagens[43].

Percebe-se, assim, que tatuar como código carcerário é uma prática freqüente em muitas sociedades, o que não significa que seja sempre exclusivista. Muitos presos se tatuam voluntariamente, fazem do corpo seu único espaço de liberdade. O psiquiatra Moraes Mello, já no começo do século passado, anos de 1920, trabalhando na Casa de Detenção, no Carandiru em São Paulo, registrou e classificou mais de três mil diferentes marcas tatuadas entre os detentos daquele estabelecimento. Essas marcas, algumas vezes voluntárias, outras impostas, registravam lideranças ou estigmatizações e serviam como um verdadeiro código social entre os detentos. Entre seus registros de tatuagens encontram-se alguns bem marcantes. Por exemplo, tatuagens para encobrir acidentes, cicatrizes de facadas ou furos de bala. Ou, ainda, marcas pontilhadas no dorso da mão, o que significava que o detento pertencia a uma determinada quadrilha[44]. Mas se os pontos fossem na mão entre o polegar e o indicador, o sentido era outro: um ponto para o batedor de carteira, dois para o estuprador, três para o traficante e quatro ou cinco para assaltantes. Como estigmatização, a imagem do coração com a frase "amor de mãe" revelava homossexualidade passiva[45]. E assim por diante. Muitas dessas marcas, que passavam informação e/ou censuravam os detentos nos anos vinte, permaneceram na Casa de Detenção, no Carandiru ou ainda são tatuadas em muitas outras casas de detenção, não significando com isso que seus significados não tenham sido recodificados. Em seu livro *Estação Carandiru*, Drauzio Varella exibe algumas fotos de presos tatuados nos braços, nas pernas, nas costas ou no peito. Imagens de Nossa Senhora Aparecida, padroeira do Brasil, do Coração de Jesus ou da águia norte-americana parecem ser os motivos freqüentes nas escolhas dos presos. Suas mensagens não são explicitados pelo autor, carecendo, assim, de uma pesquisa junto aos seus portadores e os outros detentos para sabermos mais precisamente o motivo de tais escolhas e seu significado no contexto da carceragem do Carandiru daquela época.

43. J. Caplan, " 'National Tattooing': Traditions of Tattooing in Nineteeth-century Europe". Em *Writing on the Body*, p. 156.
44. Informações extraídas da *Folha de São Paulo*, 18 de dezembro, 1996, Ilustrada, p. 9.
45. Reportagem de Giuliano Cedroni, Revista *Trip,* ano 11, n. 58, p. 36.

SESSENTA ANOS APÓS O FIM DOS CAMPOS

Depreende-se que tatuar como marca de exclusão não foi uma invenção do sistema nazista e nem dos SS[46], particularmente. Era um ato já bastante recorrente, especialmente no meio prisional e marginal. E, quando trazida de outras culturas, propagada como um ato de selvageria, de decoração bizarra ou uma forma tola e incivilizada de ornamento corporal. Nesse clima, a tatuagem no meio cultural europeu do começo do século XX por si só já significava uma ofensa. Já a tatuagem impressa nos deportados judeus nos campos de concentração significava uma dupla agressão; primeiro, porque não haviam cometido delito algum e muito menos se consideravam marginais heróis; segundo, porque transgredia especialmente uma lei religiosa[47].

46. SS são as iniciais em alemão de Schutz-Staffel, que significa "pelotão de proteção". A princípio, era a guarda pessoal de Hitler, uma espécie de polícia particular para ele e os membros do partido nazista. Após a tomada do poder, este grupo tornou-se mais numeroso, nunca excedendo uma média de 250 mil homens. Este pelotão era completamente doutrinado e violentamente anti-semita. Pouco a pouco, sob as ordens do mais fiel companheiro de Hitler, Henrich Himmler, eles constituíram uma espécie de estado dentro do Estado e ocuparam-se, principalmente, dos campos de concentração e da eliminação dos judeus. A. Wieviorka, *Auschwitz expliqué à ma fille*, p. 26.

Os SS eram tatuados nas axilas com suas iniciais e o seu grupo sangüíneo. Esta iniciativa foi do general Goebels e continha dois objetivos. Por um lado, facilitaria a captura dos SS desertores e, por outro, daria prioridade de assistência médica a eles. Além do que, no caso de necessidade, agilizaria uma transfusão de sangue. P. Duque, *Tatuajes, El cuerpo decorado*, p. 25. Entretanto, lembro aqui, foi essa marca que facilitou a identificação e a captura dos SS no fim dos campos.

47. A esse respeito é importante o depoimento de Primo Levi, p. 44 neste trabalho.

Parte I

A Deportação

1. Auschwitz-Birkenau-Monowitz[1] e Campos Associados

SS-Kremer, médico do campo de concentração, escreve em seu diário: "Estive pela primeira vez lá fora às três horas da madrugada em uma ação extraordinária. Em comparação a isso, o inferno de Dante me parece quase uma comédia. Auschwitz não é denominado, em vão, campo de extermínio".

KL Auschwitz den Augen der SS, O[2]

No primeiro parágrafo do livreto editado pela comissão de história dos Amicale des Déportés d'Auschwitz[3], lemos:

Auschwitz é o símbolo da vontade nazista de exterminação dos judeus e ciganos. A aplicação da ideologia racista nacional-socialista objetivava a eliminação física essencialmente dos judeus e dos ciganos; e a redução à escravidão de todas as raças tidas como inferiores, como os eslavos[4].

1. Auschwitz, antiga pequena cidade polonesa chamada de Oswiecim. Birkenau que significa "bosque".
2. D. Czech. *Kalendarium der Ereignisse im Frauen – KL Ravensbrück 1939-1945*, p. 293. Tradução de Norval Baitello Jr.
3. Centro de memória judaica.
4. Livreto coletivo realizado pela comissão de história da Associação Amicale des Déportés D'Auschwitz, p. 6.

22 AS NAZI-TATUAGENS: INSCRIÇÕES OU INJÚRIAS NO CORPO HUMANO?

O campo de concentração alemão de Auschwitz-Birkenau-Monowitz e campos associados – mais de quarenta até o final da guerra – eram, como explica Henri Wolff n. 6257[5] – que calorosamente me recebeu em sua residência à rua Leonard Mafrand, Paris, em outubro de 1998 –, verdadeiras empresas de extermínio. Segundo Dirk Reinartz, essa gigantesca empresa de morte, ou a *Schoá*[6], foi idealizada racionalmente já no início de 1933 com a tomada de poder pelos nacional-socialistas, pouco depois de Adolf Hitler ter sido nomeado chanceler do recém-nascido Terceiro Reich e jurado fidelidade à constituição democrática da república de Weimar. O primeiro campo de concentração nazista foi aberto em 22 de março de 1933 nos limites da cidade de Dachau (Alta Baviera), numa antiga fábrica de pólvora e munições"[7].

A construção de Auschwitz e campos associados iniciou-se nos primeiros meses da Segunda Guerra Mundial, setembro de 1940, sete meses após a ocupação da Polônia pelos alemães, quando o chefe dos SS e da polícia alemã, Heinrich Himmler, ordena a construção de um vasto campo de concentração no sul do país, na Alta Silésia, entre Cracóvia e a fronteira com a atual República Checa. Esse campo dividia-se em três grandes áreas: Auschwitz I, campo-sede, abrigando a administração e os laboratórios de "pesquisa científica" – hoje transformado em museu; Auschwitz II – Birkenau – o maior campo de extermínio, que se estendia numa área de 175 hectares, com mais de 250

5. Henri Wolff n. 62571 é judeu polonês. Filho único, sua família, antes da Segunda Guerra Mundial, radicou-se na França, na região da Creuse, zona não ocupada pelo governo de Vichy. Seu pai, requisitado pelo secretário da prefeitura do governo de Vichy, em 1941, fez parte do GTE (groupement des travailleurs étrangers). Enviado à Neuvic d'Ussel, na Corrèze, trabalhou na extração de combustível da plataforma de Millevaches. Henri Wolff e sua mãe foram detidos em janeiro de 1941, também pelo governo de Vichy. Obrigados a assinar a resistência e a trabalhar em uma fazenda, até 26 de agosto desse mesmo ano, quando foram então enviados à Boussac, Nexon e Drancy – campos franceses de internamento – guardados pela polícia francesa. Em Nexon, Henri encontrou seu pai pela última vez. Libertado do GTE, isto é, dos trabalhos forçados, seu pai foi enviado à morte. Henri e sua mãe, depois de passarem por Drancy, foram enviados a Birkenau, sempre sob ordem do governo de Vichy, num comboio de 7 mil judeus entregues aos nazistas. Sua mãe foi executada logo na chegada a este campo. Henri, na época com 16 anos, permaneceu no campo de Birkenau até o final da guerra, janeiro de 1945. Em 1948 viajou para Israel, onde lutou pela independência do estado de Israel. De volta a Paris, casou-se com Marieta, que, segundo Henri, foi quem lhe ensinou a viver e a amar. Teve com ela duas filhas e tem, hoje, quatro netos. "A nossa descendência é a nossa vingança", diz Henri Wolff. Entrevista realizada em Paris, setembro, 1998.

6. Vocábulo hebreu que significa destruição total. Esse vocábulo foi usado pela primeira vez em 1985 pelo cineasta Claude Lanzmann, como título de seu filme sobre os campos de concentração nazistas. Este filme tem uma duração de quase dez horas. A. Wieviorka, *Auschwitz explique à ma fille*, p. 30.

7. Dirk Reinartz, "Totenstill". Prefácio do catálogo da exposição *Silêncio Total*, São Paulo, Instituto Goethe, 1995.

alojamentos e abrigava 150 mil prisioneiros; e Auschwitz III – Monowitz, campo de trabalho construído em 1941 para suprir a mão-de-obra da indústria de tintas IG Farben. A escolha do local para a construção desse complexo deve-se ao nó ferroviário importante que atravessava a pequena cidade industrial de Oswiecim (mais tarde rebatizada de Auschwitz) e, também, por ser uma região quase deserta. Os 1.200 habitantes dessa região foram, naquela ocasião, expulsos, deixando, assim, o local protegido de olhares indiscretos. A princípio, o lugar era um campo de trabalho para os prisioneiros poloneses, mas logo foi transformado em campo de concentração definitivo e, mais especificamente, como veremos no decorrer deste trabalho, em um campo de morte.

No ano seguinte, verão de 1941, foi decidido exterminar definitivamente os judeus. "Solução final do problema judeu", como ficou conhecida essa decisão, teve sua regularização em 20 de janeiro de 1942, durante a Conferência de Berlin-Wannsee. A partir desse objetivo foram criados seis campos de concentração em território polonês ocupado – Auschwitz-Birkenau-Monowitz, Chelmno-Kulmhof, Treblinka, Sobibor, Maïdanek e Belzec. Logo iniciou-se a deportação dos judeus de toda Europa para esses campos. Só o campo de Auschwitz-Birkenau-Monowitz aprisionava, em 1941, dez mil pessoas distribuídas nos seus vinte alojamentos, que rapidamente se tornaram insuficientes. A construção de mais oito alojamentos nesse complexo, no ano seguinte, elevou este número para trinta mil detentos.

Entre os inúmeros campos havia os campos de extermínio, que executavam os deportados logo na chegada; os campos de concentração, destinados ao trabalho, visando uma "produtividade"; e os campos mistos, trabalho e morte. Auschwitz era um campo misto, e aqui enfatizo, os campos nazistas eram sempre campos de morte. No arco do portão de entrada de Auschwitz e de muitos outros campos, Theresienstadt, por exemplo, a frase do filósofo Hegel anuncia: "Arbeit macht frei" (O trabalho torna livre)[8]. Os deportados que ultrapassavam esse portão, ou qualquer outro de acesso a um campo nazista, quando não eram enviados diretamente à câmara de gás, logo descobriam que estavam destinados a trabalhar a própria morte, como lembra o psicólogo Arnaud Tellier[9].

Raphael Esrail n. 173295[10], durante uma entrevista concedida a mim, em março de 1999, explica:

8. O sociólogo Ditemar Kamper, em seu livro *O Trabalho como Vida,* lembra que essa frase de Hegel foi "pervertida nos campos de concentração nazistas".

9. *Expériences traumatiques et écriture,* p. 47.

10. Foi deportado a Auschwitz em 6 de fevereiro de 1944, após uma curta estada no campo de internamento de Drancy, onde conheceu sua futura esposa nas mesmas condições. Após a liberação, casaram-se e tiveram uma filha. No início dos anos de

24 AS NAZI-TATUAGENS: INSCRIÇÕES OU INJÚRIAS NO CORPO HUMANO?

Os Kapos sempre diziam: "Aqui, não tem por que. Aqui a regra é esta, não há por que". Sobretudo para os judeus, em outras palavras, ponto final. Desde que a gente é um judeu o ponto final de todos os indivíduos é a morte. Ou pela câmara de gás ou a morte pelo esgotamento de outro lado, mas o que se deve saber, é que você será julgado a trabalhar até morrer, mas o resultado deverá ser a morte. Ou porque você não é mais um homem, nem uma mulher, ou porque você é um *Struk*, (vocábulo alemão que significa uma peça). Você se encontra dentro de um sistema que para os SS você tinha que morrer e, para morrer, se tinha muitos caminhos. É assim, eu posso escolher este ou aquele, mas de toda maneira eu sei, eu devo morrer. Seja porque eu muito trabalhei e eu não como e eu estou esgotado, seja porque eles me consideram um nada e por conseguinte querem me "esmagar", "eu matarei vocês o mais rapidamente possível, mas o resultado é sempre o mesmo, a gente deve sacrificá-los, suprimi-los como uma pulga". Havia também a personalidade própria de cada comandante do campo. Havia os alemães para os quais a punição era bater, e para outros, a punição era a morte, e havia também as experiências biológicas[11].

Para os "poupados" das câmaras de gás restava, então, ascender à morte por outros caminhos. Jean Améry[12], filósofo austríaco torturado

1950, os dois decidiram retirar a tatuagem. Raphael diplomou-se engenheiro e trabalhou também como professor. Nos anos de 1960, indignado com as versões dos negacionistas a respeito dos campos de Auschwitz, decidiu trabalhar na divulgação dos verdadeiros acontecimentos. Diz Esrail: "Eu me ocupei destas coisas, porque havia 15 anos de negacionismo, aqueles que faltam com a história, que a falsificam, aqueles que contam coisas muito falsas, que eu me disse: 'isto não é possível', aceitar coisas falsas? Isto vem de uma ideologia fascista, cabe a nós dizer a verdade" (Je me suis occupé de choses comme cela, parce qu'il y a 15 ans de négationisme, ceux qui manquent l'histoire, ceux qui falsifient l'histoire, ceux qui racontent des choses tellement fausses que je me suis dit, 'ça n'est pas possible', accepter des choses fausses? ça vient d'une idéologie fasciste, c'est à nous de dire la vérité). Entrevista realizada em Paris, março 1999. Raphael é hoje presidente da Associação Amicale des Déportés D'Auschwitz, em Paris.

11. "Les kapos disaient toujours, 'Il n'y a pas de pourquoi. Ici la règle c'est ça. Il n'y a pas de pourquoi.' Surtout pour les juifs, autrement dit, point final. Lorsque on est juif, le point final de tous les individus c'est la mort. Soit par le gazage, la mort par épuisement d'autre part, mais il faut savoir, c'est que vous serez jugé au travail jusqu'à ce que vous mourriez, mais le résultat doit d'être la mort, car vous n'êtes plus un homme, ni une femme, vous êtes un *struk*, mot allemand ce que signifie une pièce. Vous vous trouvez dans un système qui, pour les SS, 'on doit mourir' et pour mourir, on a plusieurs chemin, c'est comme ça. je peux choisir comme ça, ou comme ça, mais de toutes façons je sais, que je dois mourir, soit parce que j'ai beaucoup travaillé et que je ne mange pas et que je suis épuisé, soit parce qu'ils me considèrent comme un rien et par conséquence ils veulent m'écraser 'je vous tuerai le plus rapidement possible, mais le résultat était toujours le même, on doit vous sacrifier, vous supprimer comme une 'puce'. Il y avait aussi la personnalité propre à chaque commandant du camp. Il y avait des allemands pour qui la punition était de frapper, pour d'autres la punition c'était la mort, et il y avait, aussi, des expériences biologiques". Entrevista realizada em Paris, outubro 1999.

12. Jean Améry (anagrama de Mayer) é o pseudônimo de Hans Mayer, filósofo austríaco que imigrou para a Bélgica em 1938 e, nesse país, adotou este nome. Foi preso enquanto resistente, e deportado por ser judeu. Após os campos, sob esse pseudônimo, escreveu diversos livros sobre as torturas nos campos. P. Levi, *Les naufragues et lês rescapés*, p. 127 (tradução minha).

pela Gestapo por sua participação na resistência belga e logo deportado a Auschwitz porque era judeu, nos precisa que o horror para os deportados estava mais na maneira de como a morte era organizada pelos nazistas e não na morte em si. Suas palavras são esclarecedoras: "o que preocupava o homem de espírito, assim como seu camarada não intelectual, não era a morte, *mas a maneira de morrer*"[13].

Os campos de concentração nazistas eram, como Henri Wolff n. 62571 sempre enfatiza, sociedades concentracionárias com suas leis, suas regras, seus chefes, sua linguagem. De uma certa maneira, os campos expunham seu moral e, sobretudo, seu terror[14]. A hierarquia de comando e de valores era determinada segundo as regras dos Kapos, antigos detentos, na maior parte das vezes criminosos alemães que se ocupavam de fiscalizar os blocos, o trabalho e as secretarias, e tinham direito sobre a vida e a morte dos deportados. Território ininterruptamente vigiado pelos SS, cercado com arames farpados eletrificados, fossas e, especificamente, muros de ódio; esse espaço é assim descrito por Primo Levi n. 174517:

Ao redor de nós, tudo nos é hostil. Por cima, sucedem-se maldosas nuvens para tirar-nos o sol; por todos os lados, circunda-nos a esquálida floresta de ferro retorcido. Nunca vemos seus limites, mas sentimos, ao redor, a presença má do arame farpado que nos segrega do mundo. E nos andaimes, nos trens manobrando, nas estradas, nas escavações, nos escritórios, homens e homens, escravos e patrões, escravos eles também; o medo impede uns e o ódio os outros; qualquer outra força emudece. Todos são, para nós, inimigos ou rivais[15].

Nas palavras de Primo Levi n. 174517 percebemos que no sistema carcerário de Auschwitz, o exercício de dominação nesses campos de concentração foi tão violento, que mesmo os executores não estavam isentos do temor, eram *escravos e patrões, escravos eles também*. Nesses campos, os valores humanos eram mais do que esquecidos, eram (re)codificados. O esperado era sempre o imprevisível. A "maneira de morrer", de que nos fala Améry, escondia-se em caminhos simbólicos. *A morte escondia-se até estar totalmente irreconhecível*[16].

Em outras palavras, "o trabalho torna livre" era a tradução do dispositivo da "solução final", porque os judeus e todos que como eles eram considerados raças inferiores deveriam literalmente desaparecer, ou pela morte efetiva ou pelo trabalho extenuante, de que nos fala Raphael Esrail n. 173295, ou, ainda, pela desconstrução simbólica de seus referentes humanos. "O que se produzia primeiro era o descaramento total da representação estética da morte", expressa Jean Améry,

13. Grifos do autor.
14. Entrevista realizada em Paris, setembro 1998.
15. P. Levi, *É Isto um Homeme?*, p. 41.
16. J. Améry, *Par-dela le crime et le chatiment*, p. 47.

em seu livro *Par-dela le crime et le chatiment*, e também explicita Primo Levi n. 174517[17] já no título de seu primeiro livro, *É Isto um Homem?* Diz Primo Levi:

> Imagine-se, agora, um homem privado não apenas dos seres queridos, mas de sua casa, seus hábitos, sua roupa, tudo, enfim, rigorosamente tudo que possuía; ele será um ser vazio, reduzido a puro sofrimento e carência, esquecido de dignidade e discernimento – pois quem perde tudo, muitas vezes perde também a si mesmo; transformado em algo tão miserável, que facilmente se decidirá sobre sua vida e sua morte, sem qualquer sentimento de afinidade humana, na melhor das hipóteses considerando puros critérios de conveniência. Ficará claro, então, o duplo significado da expressão "Campo de extermínio"[18].

Entender esses campos significa reconstruir esses caminhos, na maior parte das vezes impossível até mesmo por aqueles que viveram a *Schoá*. "Pela primeira vez, então, nos damos conta de que a nossa língua não tem palavras para expressar esta ofensa, a aniquilação de um homem"[19].

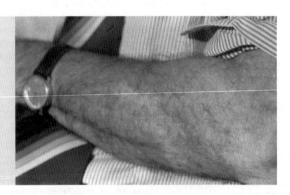

Foto do braço de Raphael Esrail n.173295, sem os números.

17. Primo Levi n. 174517 é um judeu nascido em Turim. Formou-se em Química antes que o acesso às universidades fosse proibido aos judeus. Em 1944 foi deportado para Auschwitz, de onde saiu ao final da guerra. De volta à Itália, retornou à profissão de químico, mas destacou-se muito como escritor e depoente sobre os campos de Auschwitz.
18. P. Levi, *A Trégua*, p. 25.
19. Idem, p. 24.

2. A Aniquilação de um Homem

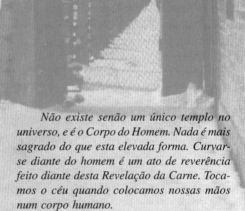

Não existe senão um único templo no universo, e é o Corpo do Homem. Nada é mais sagrado do que esta elevada forma. Curvar-se diante do homem é um ato de reverência feito diante desta Revelação da Carne. Tocamos o céu quando colocamos nossas mãos num corpo humano.

NOVALIS[1]

INJURIAR

Golpe verbal, moral ou físico, injuriar é ofender e insultar a dignidade do outro. A injúria procede do que é injusto. E, injusto é o que não é justo, é o que não tem fundamento, justificativa. Ato de hostilidade, a injúria desonra, despersonaliza, humilha e nega a dignidade de alguém, o respeito por alguém. Mas a dignidade não é percebida e vivenciada igualmente por todos, está enraizada nas construções sociais a que pertencemos. Jean Améry, torturado enquanto judeu, diz:

---

1. Apud A. Montagu, *Tocar*, p. 21.

28   AS NAZI-TATUAGENS: INSCRIÇÕES OU INJÚRIAS NO CORPO HUMANO?

Eu devo confessar que eu não sei exatamente o que é a dignidade humana. Alguém a perde quando se encontra numa situação tal, que lhe é impossível tomar um banho todos os dias. Outro pensa que é quando ele é privado de falar uma outra língua, que não a sua, diante de autoridades. De uma certa forma, a dignidade humana é associada a um certo conforto físico, de outra forma, a liberdade de expressão e, de uma terceira, talvez também, a de não poder ascender a um companheiro erótico do mesmo sexo. Eu não sei, então, se aquele que é espancado pela polícia perde sua "dignidade humana". Mas o que eu estou certo é que com o primeiro golpe, que se abate sobre ele, ele é espoliado da *confiança no mundo*[2]. [...] Esta confiança é a certeza que o outro vai me considerar em função de um contrato social escrito ou não; mais especificamente, que ele vai respeitar minha existência física e daí, metafísica[3].

Segundo a socióloga, psicanalista e psicopatologista clínica Larguèche, "as injúrias são vocábulos, gestos, atos, 'tabus' que incitam por seu aspecto de transgressão e conferem poder àquele que os utiliza, pois ele transgride, então, o proibido"[4]. Para Améry, desde que exista a possibilidade, por mínima que seja, de o indivíduo poder se defender, um mecanismo põe-se em movimento de forma que o sujeito possa progressivamente retificar a transgressão operada pelo outro. Ao defender seu próprio corpo, o indivíduo opera uma expansão, objetiva sua própria corporalidade e restabelece a confiança em si. Entretanto, a injúria, ressalta Larguèche, é uma provocação que incita uma resposta, mas o agredido em questão encontra-se impotente para reagir. O ato injurioso evidencia-se por uma situação de hierarquia, de domínio absoluto. Pode-se injuriar uma pessoa com golpes físicos, palavras e, até mesmo, com o silêncio. A propósito das injúrias verbais, Larguèche diz que os vocábulos são os instrumentos de contato, e a palavra, um prolongamento do corpo. Ambos tocam o corpo do outro, excitando sua sensibilidade corporal[5]. Isto porque, completo com as palavras de Montagu, "as comunicações que transmitimos por meio do toque constituem o mais poderoso meio de criar relacionamentos humanos, como fundamento da experiência"[6]. Mas se as violações verbais excitam a sensibilidade do corpo, as injúrias físicas registram cicatrizes, marcas duradouras da ofensa ou da perda da dignidade. Como bem ressalta Larguèche: "quando se fala de injúrias corporais, o sentido primeiro da palavra 'corpo', organismo humano, tem uma ressonância muito particular, não mais em sua oposição ao espírito, mas em relação a uma realidade concreta, pois o corpo, ele mesmo, torna-se 'corps du délit' "[7]. Em relação ao corpo, Améry assim se expressa:

2. Grifos do autor.
3. J. Améry, *Par-dela le crime et le chatiment*, p. 60.
4. E. Larguèche. *Injure et sesualité*, p. 126.
5. Idem, pp. 61, 134-135.
6. A. Montagu, op. cit., p. 19.
7. E. Larguèche, op. cit., p. 10.

As fronteiras do meu corpo são as fronteiras do meu Ser. A superfície da minha pele me isola do mundo desconhecido: nesta superfície eu tenho o direito, se querem que eu tenha confiança no mundo, de não sentir o que eu não quero sentir. No ato de tortura, o primeiro golpe recebido quebra a confiança no mundo. Uma pessoa está integrada fisicamente no mundo, desde que alguém não transgrida suas fronteiras, que são as fronteiras de sua pele, impondo-lhe sua própria corporalidade. Ao colocar a mão sobre o outro, sem permissão, o agressor o aniquila. É como um estupro, um ato sexual realizado sem o consentimento de uma das partes[8].

O corpo humano é um espaço cultural e sagrado construído e vivenciado em cada cultura. Os tabus, quanto aos toques no corpo do outro, perpassam muitas culturas e são codificados nas relações sociais. A lei do contato ou magia do contágio está na crença de que uma vez estabelecido o contato, esse nunca se rompe, pois se pressupõe a possibilidade de interação entre as partes, ou com o meio ambiente. Essa preservação do corpo está na persuasão de que o toque só pode ocorrer em concordância entre as partes, isto é, em situações de agregação e amor. Lembrando Francisco Varella, "O amor é o momento mais importante da vida porque nos deixamos tocar"[9]. Os toques evasivos, sem permissão, significam um exercício de poder, de controle da situação por parte de quem toca o corpo. Os tabus de toque defendem o corpo da contaminação com o mundo exterior, físico ou simbólico. Todas as distâncias que os homens criam em torno de si são construídas para essa preservação. Nossa cultura ocidental, especialmente, constrói o corpo na cultura do "não me toques". O sentido de distância é impresso no uso da roupa, na construção da arquitetura, nos relacionamentos sociais e religiosos. Os rituais de distanciamento em nossa cultura fundamentam-se em estudos científicos de que o sentido do tato está na base do nosso bem-estar social e só pode ocorrer em concordância com as partes. Já em 1921, Lionel Tayler, no seu livro *The Stages of Human Life*, advertia:

O maior sentido do nosso corpo é o tato. Provavelmente, é o mais importante dos sentidos para os processos de dormir e acordar; informa-nos sobre a profundidade, a espessura e a forma; sentimos, amamos e odiamos, somos suscetíveis e tocados em virtude dos corpúsculos táteis de nossa pele[10].

8. Idem, p. 61. Em Elias Canetti lemos: "Não há nada que o homem mais tema do que o contato com o desconhecido. Ele quer ver aquilo que o está tocando; quer ser capaz de conhecê-lo ou, ao menos, de classificá-lo. Por toda a parte, o homem evita o contato com o que lhe é estranho", *Massa e Poder*, p. 13.

9. Francisco Varella é um biólogo chileno que involuntariamente foi residir em Paris durante a ditadura do General Augusto Pinochet. Traumatizado com as agressões presenciadas no regime de ditadura, Varella direcionou a atenção de seus estudos aos caminhos da Índia e estabeleceu diálogos entre os estudos científicos realizados no ocidente com as filosofias hindu-budistas, especialmente junto ao Dalai Lama do Tibet, com quem organizou vários seminários sobre a mente humana. Esta citação pertence a sua participação na série *O Mundo em Transformação*, apresentada pela TV Cultura, março de 1997.

10. Apud A. Montagu, *op. cit.*, p. 21.

30   AS NAZI-TATUAGENS: INSCRIÇÕES OU INJÚRIAS NO CORPO HUMANO?

Os toques injuriosos comunicam a dominação do corpo do outro, a exclusão, a perda da privacidade, da autonomia, do direito ao corpo; por conseguinte, a confiança no mundo – a dignidade. Completo com as palavras de Améry:

O que resta da experiência da tortura não pode ser jamais outra coisa que a impressão de um pesadelo; é uma imensa perturbação, e é também o sentimento de ter se tornado estranho ao mundo, estado profundo que nenhuma forma de comunicação posterior com os homens poderá compensá-la. [...] Quem foi torturado permanece torturado, [...] quem passou por um suplício não poderá jamais viver num mundo como em seu lugar natural, a abominação do aniquilamento não se desfaz jamais. A confiança na humanidade, já perdida desde o primeiro golpe recebido, depois demolido pela tortura, não se readquire mais[11].

A tortura foi para ele uma morte interminável: Améry suicidou-se em 1978[12].

AS INJÚRIAS NAZISTAS: "VIOLÊNCIA INÚTIL"[13]

Incontáveis foram as experiências autoritárias com fins de extermínio injurioso que marcaram os anos da barbárie ocidental. Primo Levi n. 174517 fala-nos a respeito dos regimentos de "violência inútil, com o fim em si mesma, voltada unicamente para a criação de dor"[15], cometida já no percurso dos trens para os campos de concentração. Segundo Primo Levi:

> meu caso coincide com aquele de homem preso por ser judeu, pela falta de ter nascido judeu, em suma, por esta gigantesca injustiça, eu me lembro de nunca ter deixado de me surpreender com esta imensa injustiça.
>
> Primo Levi n. 174517[14]

11. J. Améry, op. cit., pp. 78-79.

12. Aqui é importante notar que mesmo para os que não foram tatuados, as lembranças injuriosas perduram no passar dos anos. O depoimento de Don Krausz é de muita importância. "Quanto a se ajustar à sociedade, agora já se passam 57 anos do fim da guerra. Eu ainda estou sob medicamentos, antidepressivos. Sem eles, eu não posso falar. Eu começo a gritar. E então... eu penso que sou uma pessoa diferente, porque antes da guerra, como estudante, eu costumava ter muitos amigos, eu tinha minha turma. Depois dos campos, eu prefiro não estar com as pessoas. Hoje eu gosto das pessoas, eu aprecio falar com elas, ainda que isso seja difícil, mas então... eu penso do ponto de vista da minha personalidade, eu sou uma pessoa diferente. Eu gosto do silêncio, eu não gosto de barulho. Eu prefiro, eu aprecio música, mas eu prefiro o silêncio que a música. A maioria de minhas atividades depois da guerra foi voltada à natureza, acampar, subir montanhas, coisas desse gênero. Estar sozinho...". Entrevista realizada em Johannesburg, julho 2002. Don Krausz e sua família foram levados ao campo de Westerbork, na Holanda, em 1943, quando ele tinha 13 anos. Seu pai morreu no campo e sua mãe e irmã sobreviveram. Sua mãe era uma inglesa e logo após os campos foram viver na África do Sul.

13. Expressão de Primo Levi a respeito das crueldades no Lager (campos de concentração), em *Os Afogados e os Sobreviventes*, p. 118.

14. Idem, p. 21.

15. Idem, p. 29.

A ANIQUILAÇÃO DE UM HOMEM   31

Os SS da escolta não escondiam seu divertimento ao ver homens e mulheres agacharem-se onde podiam, nas plataformas, no meio dos trilhos; e os passageiros alemães exprimiam abertamente seu desgosto: gente como essa merece seu destino, basta ver como se comportam. Não são *Menschen*, seres humanos, mas animais, porcos; é evidente como a luz do sol. Era evidentemente um prólogo. Na vida que devia vir, no ritmo cotidiano do Lager, a ofensa ao pudor representava, pelo menos no início, uma parte importante do sofrimento global. Não era fácil nem indolor habituar-se à enorme latrina coletiva, ao limite de tempo restrito e obrigatório, à presença, em sua frente, do aspirante à sucessão; em pé, impaciente, às vezes suplicante, outras vezes prepotente, insistindo a cada dez segundos: "Hast du gemacht?" (Ainda não terminou?) Todavia, em poucas semanas o mal-estar se atenuava até desaparecer: sobrevinha (não para todos!) o costume, o que é um modo caridoso de dizer que a transformação de seres humanos em animais já estava a meio caminho. [...]. A inútil crueldade do pudor violado condicionava a existência de todos os Lager[16].

Mas isso era, como muito bem relata Primo Levi n. 174517, apenas um começo.

Análogo a esse constrangimento era o da nudez. No Lager se entrava nu: privado não só das roupas e dos sapatos (que eram confiscados), mas dos cabelos e de todos os outros pêlos. Certamente, o mesmo se faz, ou se fazia, também no ingresso em casernas, mas no Lager a raspagem era total e semanal, e a nudez pública e coletiva era uma condição recorrente, típica e cheia de significado. [...] ofensiva em razão de sua redundância inútil. O cotidiano do Lager estava coalhado de inúmeros desnudamentos vexatórios[17].

Encontramos em muitos depoimentos as angústias do desnudamento vexatório, especialmente nos depoimentos das mulheres, austeramente educadas no regime judaico, que prescreve severos tabus de corpo. É com embaraço que Yvette Lévi n. A-16696[18] conta:

o momento mais difícil foi a chegada na rampa de Birkenau, bem no fundo, onde os médicos SS estavam para selecionar. Eles separaram logo, rapidamente, rapidamente, as mulheres dos homens; os velhos, as mães e os bebês... Havia o famoso "thylle", médico SS que dizia em alemão: "à direita, à esquerda". E, depois, eles nos fizeram caminhar para a desinfecção. Nós éramos mais ou menos 180 mulheres, vindas da França e de todos os lugares e foi aí que começou o horror dos horrores. Eles nos fizeram entrar no bloco e o horror era se despir. Então, nós éramos as mais jovens e havia as mulheres vindas de Lyon, que já tinham passado

16. Idem, p. 67.
17. Idem, p. 68.
18. Yvette Lévi n. A-16696 é francesa, nascida em Paris. Filha de refugiados, ela confirma que foi deportada por ser judia: "Eu sou muito orgulhosa de minhas raízes". Ela foi deportada no dia 20 de junho 1944, às duas horas da manhã, quando dormia na escola Rabínica, Rua Volclam, Paris, transformada em pensionato para moças judias, cujos pais ou tinham sido deportados ou desalojados de suas casas. No seu caso, os pais haviam sido desalojados de sua casa. Após a libertação, voltou a Paris, onde encontrou seus pais. Casou-se e teve uma filha. Hoje, organiza palestras sobre os campos e dedica-se à organização de viagens guiadas a Auschwitz e Drancy.

32   AS NAZI-TATUAGENS: INSCRIÇÕES OU INJÚRIAS NO CORPO HUMANO?

por isso, as resistentes, mulheres com mais experiência que nós. Então, tínhamos que nos despir, e nós, nós não queríamos, então, nós começamos a nos bater e eu ouvi uma mulher nos dizer, sem parar: "Então, meninas, é preciso". Nós, com dificuldade, retiramos a camisa que nós tínhamos, deixamos cair a saia e depois... havia os homens de roupas listradas. E havia os SS, enfim, os soldados que estavam lá, e havia... a atmosfera, era...nós não sabíamos o que era... e quando nós nos vimos totalmente nuas... eu, ainda hoje, 55 anos depois, eu não posso... Portanto primeiro totalmente nuas, em seguida, havia aqueles homens que nos tosquiavam; daí, quando a gente via o cabelo que caía, que era preciso levantar o braço e que eles nos tocavam o corpo com uma espécie de tosquiador e que eles nos levantavam os pontos mais íntimos do corpo; em seguida, o fim do horror de tudo isto, eles nos jogaram os farrapos que saíam das máquinas. E, o que eram? Nós soubemos depois, não em seguida. Eram as vestimentas daquelas que talvez tenham sido gaseificadas. As calças mais ou menos sujas que nós balançávamos porque ainda estavam úmidas... Nós, nós nos encontramos como de fantoches. Daí, nós começamos a chorar, e nós passamos pelas mãos da Gestapo, que dizia: "vamos lá, meninas, vamos lá, meninas..."[19].

Mas essa passagem de constrangimento não é só narrada por Yvette Lévi n. A-16696. Sara Forminko n. A-11224B[20], em entrevista a mim concedida, assim depõe:

19. "Le moment le plus difficile c'était l'arrivée sur la route à Birkenau, tout au fond, où les médecins SS étaient là pour sélectionner. Ils ont séparé tout de suite, toute de suite, toute de suite... les femmes des hommes, les veillards, les mamans, les bébés... Il y avait les fameux 'tilou', médecin SS qui disait en allemand: " à droite / à gauche'. Et puis, ils nous ont fait marcher et on est allé à là désinfection. On était à peu près 180 femmes, venant de France , venant de partout, et c'est là qu'à a commencé l'horreur de l'horreur. Ils nous ont fait rentrer dans ce bloc et l'horreur c'était de se déshabiller. Alors, on était parmi les plus jeune et il y avait des dames qui venaient de Lyon, qui avaient déjà passé ça, et il y avait des résistantes, il y avait des femmes qui avaient déjà plus d'expériences que nous. Alors, il fallait se déshabiller et là nous, on ne voulait pas, alors, on a commencé à nous tabasser et J'ai entendu une femme nous dire sans arrêt: 'Alors, les filles, il faut y aller'. Alors, on a difficilement retiré le chemisier qu'on avait, fait tomber la jupe, et puis... il y avait des hommes rayés, il y avait des SS, enfin, des soldats qui étaient là et il y avait des... l'atmosphère dans... on ne savait pas qu'est-ce... et quand on s'est vues toutes nues, moi, je n'arrive pas, encore, 55 ans après, je ne peux pas... Donc, d'abord toute nue et ensuite, il y avait ces hommes, il a fallu qu'on avance et on était sur une caisse, et il y avait ces hommes rayés, qui nous tondaient , alors, quand vous voyez les cheveux qui tombe et, qu'il faut élever les bras et qu'ils vous touchent le corps avec des espèces de tendeuses, et ils vous enlèvent les poins sur les parties les plus intime et ensuite, et alors, la fin de l'horreur de tout ça , ils nous ont jeté des chiffons qui sortaient de la machine et, qu'est- ce que c'était? on a su après, pas toute suite, c'était les vêtements de celles qui peut être étaient gazées, des culottes plus au moins sales, qu'on a balancé, elles étaient encore humides. On, on a s'est retrouvés comme des guignols. Alors, on a commencé a pleurer et c'était toujours des grands qui étaient déjà passés par les mains de la Gestapo qui disaient;'aller les filles, il faut y aller...'". Entrevista realizada em Paris, outubro 1999.

20. Sara Fominko n. A-11224B nasceu no antigo Império Austro-Húngaro. Em 1944, ela foi enviada com toda a família – pai, mãe e oito irmãos – a um gueto na Hungria e, posteriormente, ao campo de Auschwitz. Logo na chegada a Auschwitz

A ANIQUILAÇÃO DE UM HOMEM   33

A gente só tinha um vestido com um botão bem em cima, mais nada [e diminu-indo o tom da voz, bem baixinho] a gente não tinha nem calcinha.... as mulheres não menstruavam... o Dr. Menguele esteve lá, eles punham um remédio naquela sopa de capim pra gente não menstruar... você tava gravando!... não faz mal.

A gente só tinha um vestido, com esse vestido, a gente trabalhava, a gente dormia, a gente ficava o tempo todo. De vez em quando, eles davam outro pra gente poder trocar. Eu trabalhava na usina de carvão. Às vezes, tinha um morto embaixo, daí, a gente pegava o vestido, lavava com um pouco de água pra poder trocar, ficar limpinha. Só aquele vestido listrado.

O homem é um ser simbólico. É pelo adorno exuberante, mínimo ou discreto, que nos humanizamos. Para as culturas ocidentais, a roupa representou desde os tempos bíblicos a fronteira de proteção simbóli-ca. A privatização de seu uso subscreve a condição humana. Assim, mesmo as roupas imundas ou úmidas garantiam, ainda que não para todos, a condição humana. Diz Primo Levi n. 174517:

Um homem nu e descalço sente os nervos e os tendões truncados: é uma presa inerte. As roupas, mesmo aquelas imundas que eram distribuídas, mesmo os sapatos ordinários com sola de madeira, são uma defesa tênue, mas indispensável. Quem não os tem não se percebe de si mesmo como ser humano, e sim como um verme: nu, lento, ignóbil, vergado ao chão. Sabe que poderá ser esmagado a todo o momento[21].

Dessa forma, a nudez pública e coletiva rompia as fronteiras do simbólico e anunciava um constrangimento, uma homogeneização, uma despersonalização: a negação do homem. Segundo Tzvetan Todorov, a ideologia dos sistemas totalitários considera os seres humanos indi-viduais como instrumentos, como meios para a realização de um pro-jeto político e não mais como uma pessoa. A despersonalização era um meio para transformar os indivíduos em ingredientes de um projeto que os transcendia. Teremos, em primeiro lugar, a transformação im-posta às vítimas em seu comportamento. Antes de serem mortas, as vítimas serão desnudadas. Os seres humanos não se mantêm desnudos em grupo, não se deslocam privados de suas roupas. Sem roupas é aproximá-los dos estados bestiais[22].

O totalitarismo, esta nova forma de dominação sem precedentes na história da humanidade, concentra-se no domínio das massas anô-nimas, sem filiação partidária, e adota métodos de intimidação, meios de organização e instrumentos de violência que visam a destruir todas

_____

todos seus familiares foram enviados às câmaras de gás. Só foram poupados ela e um irmão mais novo, na época com doze anos. Na saída dos campos, depois da longa caminhada pela neve européia, Sara Forminko n. A-11224B com mais quatro ex-deportadas chegaram a Varsóvia, depois Budapeste e Moneda, na Itália. Hoje vive em São Paulo. Entrevista realizada em São Paulo, outubro 2004.

21. P. Levi, op. cit., p. 68.
22. T. Todorov, *Frente al Limite*, p. 187.

34 AS NAZI-TATUAGENS: INSCRIÇÕES OU INJÚRIAS NO CORPO HUMANO?

as formas e tradições sociais. Adota, entre outros princípios de dominação, o medo. Para Hannah Arendt, "a política totalitária afirma transformar a espécie humana em portadora ativa e inquebrantável de uma lei à qual os seres humanos somente passiva e regularmente se submeteriam"[23].

Segundo Harry Pross, "quanto mais energia deve ser investida para suportar estados de constrangimento, menos energia sobra para a ação própria, tanto mais obediente será a pessoa"[24]. Além da nudez seguida da raspagem semanal dos pêlos da cabeça e do corpo, também a fome cotidiana suprimia a carne e desfigurava o rosto dia a dia[25]. F. Stangl, comandante de Sobibor e Treblinka, em um depoimento a Gitta Sérény, assim se pronunciou: "Você percebe, eu raramente os percebi como indivíduos. Era sempre uma enorme massa. Às vezes eu estava em pé no muro e eu os via no corredor. Mas, como explicar? Eles estavam nus. Uma massa enorme que corria desesperadamente"[26]. Ademais, essa massa homogênea a que se refere Stangl, era irreconhecível até mesmo entre eles. Nos escritos de Primo Levi n. 174517 lemos: "se ficássemos dois ou três dias sem nos vermos custávamos a nos reconhecer". A deformação do corpo revela a exclusão social, pois rompe com o modelo estético de corpo civilizado. Para o antropólogo David Le Breton, privar alguém de seu rosto já é antecipar sua morte por um processo simbólico sem equívoco. Rito de passagem em que a promessa da morte é a única anunciada[27].

Entretanto, ressalto aqui as palavras do antropólogo John Berger: "estar nu é permanecer sem disfarce"[28]. Nus coletivamente, sem nem mesmo os pêlos, significam homens, mulheres e crianças desprotegidos em suas intimidades, não podendo salvaguardar sua identidade de seres humanos pertencentes a uma cultura ocidental. Mas, nenhum desses procedimentos apagava verdadeiramente uma das distinções do corpo judeu, notadamente nos homens, que, sabidamente são circuncidados e essa marca no corpo-judeu preserva uma identidade. Assim, mesmo nus, e principalmente nus, os deportados judeus ostentavam uma identidade que os distinguia no campo e por certo incomodava os nazistas.

Mas a violência ao corpo nos campos de concentração nazistas não se ateve apenas aos atos efêmeros na aparência – ainda que profundamente dolorosos na memória dos poucos sobreviventes –; a cruel-

23. H. Arendt, *Origens do Totalitarismo*, p. 514.
24. *A Sociedade do Protesto*, p. 131.
25. David Le Breton, em seu livro *Des Visages*, dedica um capítulo às desfigurações dos rostos no campo de concentração nazista.
26. Idem, p. 285.
27. Idem, p. 283-285.
28. J. Berger, *Modos de Ver*, p. 58.

A ANIQUILAÇÃO DE UM HOMEM

dade nazista precisou ir mais longe. Além de substituir os caracteres físicos de cada um pela desfiguração temporária, tatuou os corpos. Substituiu seus nomes pelas matrículas numéricas, estigmatizando-os para sempre. Registrou, neste procedimento, a marca da prepotência nazista.

OS REGISTROS TATUADOS NOS CAMPOS DE AUSCHWITZ

Raphael Esrail n. 173295 explica:

Primeiro, tem que se compreender bem uma coisa. Cada deportado tem sua própria história, repito, sua própria história. Todo mundo esteve num campo que se chamava Auschwitz, mas a cada período as coisas eram diferentes. Se no começo eles começaram a tatuar as pessoas porque eles começaram a fugir, isto aconteceu com os poloneses. Porque não era somente um campo de judeus, é preciso não esquecer isto. Auschwitz era um campo onde havia judeus e não-judeus. Não era um campo só de judeus, havia todo mundo. Num determinado momento eles decidiram tatuar metendo um signo distintivo para os judeus e eu, como todo mundo, eu tinha esta particularidade. Eu fui colocado num bloco disciplinar do "11", isto é, na prisão do campo. Quando nós partimos de Drancy[31] havia 1200 pessoas, nós chegamos a Auschwitz com 200 homens e 77 mulheres. Os outros foram gaseificados[32].

> Como as fronteiras de uma civilização, a pele é um bastião, local em que se travam escaramuças, e em que invasores encontram a resistência; aí se localiza nossa primeira e última linha de defesa.
>
> MONTAGU[29]

> "Ela fez um 'A' ...Ela apoiava com muita força".
>
> Anna Zara, n. A-16831[30]

29. A. Montagu, op. cit., p. 25.

30. Apud G. Cohen, *Les matricules tatoués des camps d'Auschwitz*, s/n.

31. Drancy é um bairro nas imediações de Paris, próximo a uma rede ferroviária. Nesse local foi construído um prédio de quatro andares em forma de "U", como caserna militar. De 20 de agosto 1941 a 17 de agosto de 1944, esse prédio, por ordens do governo de Vichy, foi destinado a agrupar e internar os judeus recolhidos na França, antes de serem enviados aos campos de concentração na Alemanha hitleriana. Logo no ano seguinte ao término da guerra, 1946, a prefeitura de Paris transformou-o em prédio residencial e alugou os apartamentos aos franceses. Ainda hoje, esse complexo funciona como condomínio familiar. Algumas famílias datam da época da sua primeira locação, e algumas são completamente ignorantes da origem desse estabelecimento. Em março de 1998, visitei esse local em companhia de Jacques Altman n. 173708. Em 1944, Jacques Altman era boxeador e trabalhava na resistência. Denunciado pela polícia francesa, foi interno no campo de Drancy e depois deportado para Auschwitz. Quando saiu do campo estava gravemente enfermo e pesava 32 quilos. Em 1948, Altman viajou para Israel e lutou pela independência do Estado de Israel. De volta a Paris, trabalhou como comerciante, casou-se e teve dois filhos.

32. "D'abord il y a une chose qu'il faut bien comprendre. Chaque déporté a sa propre histoire, je dis, sa propre histoire. Tout le monde a été dans le camp qui s'appelait Auschwitz mais, à chaque période les choses ont été différentes. Si au début on a

36 AS NAZI-TATUAGENS: INSCRIÇÕES OU INJÚRIAS NO CORPO HUMANO?

Judeus, ciganos, homossexuais, resistentes[33] e todos os considerados como raças inferiores formaram a impressionante população de deportados de toda a Europa (quinze países) para os campos nazistas. Apesar do esforço de diversas associações criadas com fins documentários logo após os anos desta barbárie – e que se mantêm até hoje[34] –, nunca foi possível afirmar com exatidão o número de enviados a esses campos e nem quantos morreram, foram mortos ou tatuados.

Segundo George Wellers, em um artigo publicado no jornal parisiense *Le Monde*, em julho de 1983, intitulado "Essais de détermination du nombre de morts au camp d'Auschwitz", mais de 1,6 milhões de homens, mulheres e crianças foram enviados a esses campos, sendo que 90% eram judeus. Entre eles, aproximadamente 1,3 milhões foram enviados às câmaras de gás logo na chegada – sem receberem a identificação numérica – e 137 mil morreram de fome, frio, cansaço, doenças, fuzilamento, injeções de fenol no coração. Muitos deles morreram em 1940, período anterior à decisão de tatuar os corpos[35].

Em 1941, com o aumento excessivo dos deportados aos campos de Auschwitz – só prisioneiros soviéticos chegaram nesta época a mais de 15 mil, todos em estado deplorável –, a mortalidade era muito elevada, ocorria em massa – um em cada dez –, e a identificação dos cadáveres era quase impossível, exigia muita rapidez e era destinada aos outros detentos, que pela escassez de pijamas – única vestimenta a eles atribuída –, tomavam rapidamente posse do pijama do companheiro morto e, por conseguinte, a matrícula numérica costurada no pijama. O controle do número excessivo de baixas, a identificação dos corpos e a posterior identificação dos ainda vivos ficavam compro-

commencé à tatoués les gens, parce qu'ils ont commencé à s'évader, ça été les polonais, parce qu'Aushwitz n'était pas seulement un camp de juifs, il ne faut pas oublier ça, c'était un camp où il y avait des juifs et des non-juifs. Ce n'était pas seulement un camp juif, c'était un camp pour tout le monde. Il y avait des juifs et des non-juifs, donc, il y avait tout le monde. A un moment donné ils ont décidé de tatouer en mettant un signe distinctif pour les juifs et moi j étais comme tout le monde, j'étais cette particularité. j'ai été mise dans un bloc disciplinaire du 11, c'est-à-dire, dans la prison du camp, Quand nous sommes partis de Drancy, il y avait 1200 personnes, nous sommes rentrés à Aushwitz avec 200 hommes et 77 femmes. Les autres ont été gazés". Entrevista realizada em Paris, março 1999.

33. *Resistente* foi o nome atribuído, na França, a todo aquele que participou da campanha contra a ocupação nazista.

34. Cito aqui alguns exemplos de centros de memória judaica. Amicales des déportés d'Auschwitz (cinco ao todo), Les Fils et Filles des Déportés Juifs de France ou Le Memorial du Martyr Juif Inconnu (le centre de documentation juive contemporaine), todos estes só em Paris, e também alguns pesquisadores, notadamente Danuta Czech, que organizou um livro intitulado *Kalendarium der Ereignisse im Konzentrationslager Auschwitz-Birkenau*, que reúne o nome e a matrícula de muitos dos deportados.

35. Apud G. Cohen, op. cit., s/n.

A ANIQUILAÇÃO DE UM HOMEM   37

metidos, já que a mudança do pijama significava uma mudança de matrícula. Assim, um dos objetivos dessa decisão de imprimir a matrícula numérica também no corpo dos deportados, segundo pesquisas de Gilles Cohen – ainda que nunca tenha sido encontrado um registro oficial desta decisão, como ele mesmo adverte –, parece ter ocorrido pela direção dos SS de Auschwitz, mais exatamente pela Seção Política, responsável diretamente pela identificação dos presos. A princípio, ficou estabelecido escrever também no peito, a lápis preto, o número do detento que chegasse à enfermaria, mas logo perceberam a efemeridade desse procedimento, substituído-o pela tatuagem, em novembro de 1941.

Os primeiros números foram gravados no peito dos prisioneiros de guerra soviéticos e eram precedidos das letras "AU", iniciais de Auschwitz[36], marca mantida até o fim dos campos de Auschwitz e restrita aos prisioneiros soviéticos. Segundo pesquisas de Tadeusz Iwaszko[37], a segunda fase da operação-tatuagem começa a partir de fevereiro de 1942, logo após a abertura de uma nova construção em Birkenau. Para esse local foram transferidos presos em estado moribundo; muitos morreram mesmo nessa transferência e, mais uma vez, o comando SS, diante da sua impotência para catalogar os mortos, decide imprimir uma identificação definitiva nos corpos; e, ao que parece, concernente especificamente aos presos soviéticos e a alguns poloneses moribundos. A decisão definitiva de imprimir um registro numérico tatuado na face externa do antebraço esquerdo dos judeus e de todos os deportados não é absolutamente clara. O livro *Kalendarium*, de Danuta Czech, divulga que o comando de Auschwitz decidiu, em 21 de fevereiro de 1942, que daquela data em diante, não somente os prisioneiros judeus seriam tatuados no antebraço esquerdo, mas todos os homens e mulheres do campo, a fim de facilitar a identificação diária dos internos e os registros das constantes baixas. Nessa data também foi decidido que somente os cidadãos alemães enquadrados como prisioneiros reeducáveis e os prisioneiros da polícia não seriam tatuados[38].

Já nas pesquisas de Tadeusz Iwaszko, a decisão de tatuar todos os judeus coincidiu com a promulgação da "Solução Final do Problema Judeu", de 20 janeiro de 1942. A partir dessa data, para os judeus, o "cerimonial" de chegada incluía o ritual da tatuagem. Os judeus já

36. Tatuar letras iniciais como abreviações das palavras discriminatórias já era um método empregado em outros regimes carcerários. Por exemplo, até a metade do século XIX, na Rússia, os ladrões eram marcados na testa a ferro quente com as letras V.O.R. (ladrão) na Inglaterra, no reinado de Eduardo VI e George III, o escravo fugitivo era marcado com um S (slave), o perturbador de um culto divino com um F (fraymaker), o blasfemador com um B (blasphemous) e o ladrão com a letra M (malefactor).

37. T. Iwaszko, *Auschwitz, Campo Hitleriano de Exterminação*, apud Gilles Cohen, op. cit., s/n.

38. Idem, p. 5.

38   AS NAZI-TATUAGENS: INSCRIÇÕES OU INJÚRIAS NO CORPO HUMANO?

internos no campo foram submetidos à tatuagem em julho de 1942. A decisão de tatuar também os não-judeus só ocorreu na primavera de 1943, ao que parece, após a fuga da polonesa Zofia Bieda. Nessa época, também os recém-nascidos começam a ser tatuados; antes, eles eram mortos pelos SS logo após seu nascimento.

A princípio, parece que o regulamento mandava tatuar a face externa do braço, menos sensível à dor, mas mais aparente. Entretanto, dependendo do *Kapos*, esta regra era alterada. O mesmo valendo para o tamanho do número. Muitos, com intenção de planejar uma fuga, conseguiram uma matrícula numérica reduzida, mais fácil de retirá-la em caso de sucesso na fuga, que começou a ocorrer com mais freqüência apenas na primavera de 1944, quando já se formava uma resistência mais organizada no campo.

Após a decisão de numerar todos os deportados, outras marcas distintivas começam a aparecer – "Z" para os ciganos, "ZW" (Zwillinge) para os gêmeos adotados nas experiências "científicas" do doutor Mengele, "EH" para presos por pequenos delitos e um triângulo com a base voltada para cima para a identificação dos judeus. Em 1943, o número de judeus era tão elevado que os SS começaram a criar algumas séries distintivas. Por exemplo, a série "A" ou "B" para registrar homens e mulheres respectivamente. Essas séries deveriam começar com o número "1" e terminar no "20 mil"; entretanto, os registros da série "A", das mulheres, vão até 30 mil. "Ninguém pode explicar os números. Não há lógica. Nada corresponde. Depois de algum tempo, eles colocaram um 'B' para os homens e um 'A' para as mulheres"[39], diz Yvette Lévi n. A-16696.

Em 1943, a população dos campos era tão grande que o sistema nazista de classificar as pessoas começa a apresentar sinais de falência administrativa. Segundo Tadeusz Iwaszko, se observarmos, dia a dia, a série numérica atribuída aos detentos e registrada no livro *Kalendarium der Ereignisse im Frauen*, de Danuta Czech, constatamos, sem entrar em detalhes, que faltam matrículas na seqüência numérica de um dia a outro, ou da matrícula atribuída a um comboio a outro. Constatamos também que outras matrículas não foram atribuídas, ou não foram registradas? Indaga Tadeu Iwaszko. Por exemplo, Irene Hajos n. 80957 chegou ao campo em 1944, num comboio vindo da Hungria; seu nome e matrícula não constam nos registros dos SS e sua tatuagem apresenta o distintivo do triângulo, mas sem a inscrição do "A" para mulheres. O livro *Kalendarium*, por exemplo, registra que muitos números foram atribuídos mais de uma vez. "O n. 25994", diz Iwaszko, "foi atribuído em 31 de janeiro de 1942 a um detento preso por peque-

---

39. "Personne ne peut expliquer les numéro. Il n'y a pas de logique. Rien ne correspond à rien. Après quelque temps ils ont mit B pour les hommes, et A pour les femmes". Entrevista realizada em Paris, outubro 1999.

A ANIQUILAÇÃO DE UM HOMEM 39

nos delitos e este mesmo número reaparece em 3 de março, do mesmo ano, atribuído a outro detento vindo de Cracóvia. Havia ou não regulamento para atribuir as matrículas?", questiona-se Tateusz Iwaszko, e adverte: "estas e outras normas a respeito deste ritual, até o presente momento, não foram encontradas na documentação do comando de Auschwitz"[40].

Importante registrarmos que, em meio a esse descontrole ou por outros motivos administrativos, nem todos os deportados a Auschwitz passaram pelo ritual da tatuagem. Bella Herson, deportada em 1944, conta que estava na fila para ser tatuada quando um ataque aéreo provocou pânico nos SS e esses ordenaram a todos voltarem às barracas. Diz Bella Herson: "eles não tatuaram meu braço, mas minha alma é tatuada"[41]. Mas Bella Herson não é um caso isolado. Janina Landau Schlesinger[42], também deportada em 1944 a Auschwitz, não tem a marca da tatuagem. Conta Janina:

40. Apud G. Cohen, op. cit., s/n.

41. Bella Herson é judia polonesa. Nasceu em Cracóvia e foi levada ao gueto de Litzmannladt na noite em que soldados nazistas assassinaram seu pai com um tiro na boca. Lá passou cinco anos, quando foi levada, em 1944, ao campo de concentração de Auschwitz. No fim dos campos, Bella retornou a Cracóvia e casou-se com um oficial judeu, Benjamin Herson, que havia sido confinado no Lager de Wodenberg Offlag. Em 1947, o casal veio para o Brasil e Benjamin tornou-se um industrial bem sucedido. Bella Herson doutorou-se em História pela USP com a tese *Cristãos Novos e seus Descendentes na Medicina Brasileira*. Além dessa tese já publicada, Bella Herson também escreveu *Benjamin, de Prisioneiro de Guerra a Industrial Brasileiro*, e *Tamara Conta Sua História*, romance baseado na vida de uma judia que veio para o Brasil no Campana, mesmo navio que viajou Bella Herson e seu marido. Além desses livros, Bella traduziu *Das Trevas à Alvorada,* do Rabino George Vida. Atualmente, Bella está escrevendo dois outros livros, *Adota-se uma Vovó* e *Almas Tatuadas*. Sobre esses dois últimos, Bella diz: "não consigo avançar, sempre paro porque começo a ter pesadelos horríveis. Não consigo escrevê-los mais. São lembranças muito dolorosas". (Entrevista realizada em São Paulo, outubro 2004).

42. Janina Landau Schlesinger nasceu na Polônia e foi deportada a Auschwitz em 1944, depois de ter passado pelos guetos de Cracóvia e Plachow. Conforme seu depoimento acima citado, permaneceu em Auschwitz com sua mãe até ser transferida para o campo de Bergen-Belsen. Depois da guerra, Janina casou-se com o Hugo Schlesinger, judeu e oficial polonês, amigo seu de infância. Conta Janina que, quando se casaram, foram morar na Itália, porque na Polônia não havia nada, nem comida. Na primeira noite, já na Itália, Hugo pediu-lhe que contasse a ele tudo que ela havia passado nos campos e, depois, disse: "de agora em diante, por dez anos não se fala mais nisso". Completa Janina: "graças a Hugo, com quem fui casada por 50 anos, eu não tenho traumas, quer dizer, traumas a gente sempre tem; quando eu vejo polícia já não gosto, sabe essas coisas sempre ficam, mas talvez elas também existissem, se eu não estivesse estado nos campos". Em 1946, o casal emigrou para o Brasil e fixou residência em São Paulo. Janina tem três filhos e cinco netos. Hugo e Janina Schlesinger sempre atuaram com destaque na sociedade, tanto no que se refere à religião, quanto às políticas culturais Entrevista realizada em São Paulo, novembro 2004.

40 AS NAZI-TATUAGENS: INSCRIÇÕES OU INJÚRIAS NO CORPO HUMANO?

Nem todo mundo foi marcado em Auschwitz, eu não tenho o número. Eu estive com minha mãe durante a guerra. Quando nós fomos deportadas a Auschwitz, estivemos na parte em que a gente ficava até eles decidirem o que fazer com a gente. Eles só punham número em quem trabalhava em Auschwitz ou ia para outro campo, não para Bergen-Belsen[43] – para onde nós fomos levadas – porque lá, eles sabiam que provavelmente ninguém ia sobreviver e não valeria a pena perder tempo em nos marcar. Lá, em Bergen-Belsen, não tinha câmara de gás, mas tinha fome e doença. Quando os ingleses chegaram, no fim da guerra, eles encontraram 6 mil mortos insepultos e uma montanha de pão envenenado. Quem ia para lá, ia para morrer. Minha mãe morreu lá. Então eu, particularmente, não tenho a marca no braço, eu tenho ela dentro de mim.

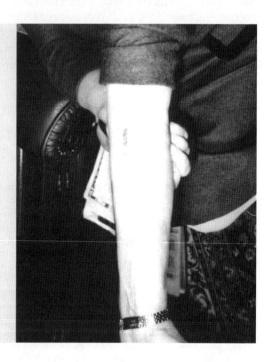

Foto do braço tatuado na parte interna. Yvette Lévi n. A-16696.

43. Campo construído em 1943 no distrito de Celle (Baixa Saxônia) destinado a: "alojar prisioneiros judeus que seriam trocados por alemães presos no exterior. No decorrer de 1943, por volta de 2 mil prisioneiros doentes vindos de outros campos foram alojados num 'centro de recuperação', onde muitos deles morreram por falta de medicamento e pelas péssimas condições de higiene. Sobretudo em junho/julho de 1944, muitos doentes graves foram mortos com injeção de fenol. Ao lado do 'centro de recuperação' foram erguidas as barracas do 'centro de internamento' para mulheres polonesas, o qual, no final de 1944, início de 1945, ficou superlotado com milhares de prisioneiras transferidas de Auschwitz (entre elas Anne Frank). [...] No que era o terreno do campo se encontram hoje grandes sepulturas comuns". Dirk Reinartz, "Toten Still", em *Silêncio Total*, São Paulo, Instituto Goethe, 1995, p. 33.

A ANIQUILAÇÃO DE UM HOMEM 41

A OPERAÇÃO-TATUAGEM: RITUAL DE "BATISMO"

> *Nobre ou miserável, todo o homem*
> *porta um nome depois do nascimento*[44].

Häftling[45]: "aprendi que sou um Häftling. Meu nome é 174.517; fomos batizados, levaremos até a morte essa marca tatuada no braço esquerdo", relata Primo Levi. Essa marca é assim descrita por ele:

A operação era pouco dolorosa e não durava mais que um minuto, mas era traumática. Seu significado simbólico estava claro para todos: este é um sinal indelével, daqui vocês não sairão mais; esta é a marca que se imprime nos escravos e nos animais destinados ao matadouro, e vocês se tornaram isso. Vocês não têm mais nome: este é o seu nome[46].

"Não durava mais que um minuto", diz Primo Levi. E Anna Zara n. A-16831 descreve essa operação: "Quatro moças faziam esse trabalho de marcar. Elas nos chamavam pelo nome. Fomos tatuadas por ordem alfabética. Parece que era uma pena, ela não tatuava ponto por ponto. Ela tatuava como se ela escrevesse num caderno[47].

A operação-tatuagem era executada com metódica rapidez por "escreventes" especializados, o que significa que eram muito bem treinados. Imprimir uma tatuagem requer muita prática e habilidade, principalmente com "metódica rapidez", o que significa uma ação ritualizada, isto é, organizada, codificada. A operação, em princípio, era pouco dolorosa, mas era traumática. Seu sentido era simbólico, "daqui não sairão mais". Lembrando McLuhan, "o meio é a mensagem"; assim, essa matrícula numérica, já antes costurada nos "agasalhos" – suportes descartáveis – é doravante perpetuada no corpo, como um sinal "indelével", "daqui não sairão mais". Esta é uma mensagem não-verbal, mas explícita: a condição concentracionária permanecerá em vocês tão longo vocês vivam.

Larguèche, ao se referir à semântica das injúrias físicas esclarece que, quando a violência física é exercida sobre uma pessoa a partir de uma relação de força e/ou de poder desigual, a dor física que ela inflige é mínima, o que predomina é a idéia de castigo[48]. Depreende-se disto que, para muitos, não exatamente a dor física da operação-tatuagem foi predominante, mas o seu significado simbólico – "daqui não sairão mais", "você não é mais que um número". Esta foi, com certeza, uma dor moral.

44. L'Odyssée, VIII, 550-554, apud J. Candau, *Mémoire et identité*, p. 60.
45. Prisioneiro, detido.
46. P. Levi, op. cit., p. 72.
47. Apud G. Cohen, op. cit., s/n.
48. E. Larguèche, op. cit., p. 101.

42   AS NAZI-TATUAGENS: INSCRIÇÕES OU INJÚRIAS NO CORPO HUMANO?

Majer Jesion n. 143068 conta a sua história:

Sou sobrevivente de Auschwitz, muita gente conta a história, cada um conta diferente. Eu tinha 17 anos, era um menino. Quando cheguei vi tudo aquilo cercado de arame farpado... Você tira a roupa, tudo, examina, examina...eu nem posso falar muito porque fico emocionado... eu era mocinho, ficamos todos acanhados... depois tatuado, tatuado. Perguntei o que era aquilo. Isso aqui é campo de concentração. Você entra por uma porta ou sai pela outra[49].

Também Irene Hajos n. 80957[50] em entrevista concedida a mim conta:

Você percebe, eu não consigo falar. Eu penso que havia a dor, que isso fazia mal. De todo jeito, quando a gente pica alguém com uma agulha, mesmo que a gente não sinta muita dor, isso nos incomoda, isso faz mal. Eu penso que isso faz mal, mesmo se isso não faz, na nossa cabeça isso fazia mal, porque não dá para esquecer a viagem de três dias e três noites, as condições nas quais nós chegamos; repugnantes, sujos, e ainda esta separação brutal. E daí, em seguida, toda nossa transformação começou. Era preciso despir-se, completamente nuas; eu estou certa. Nós não éramos mais que números[51].

"A dor sem sentido é intolerável", adverte a psicanalista Manuela Fleming, em seu livro *Dor Sem Nome*, e continua: "arranca o ser à sua existência, retira o sentido à vida e é a própria vida que se torna intolerável. O desamparo e o desespero apoderam-se do ser humano que se sente insignificante, atingido na sua auto-estima, na sua dignidade, indefeso e abandonado perante o sofrimento"[52].

Segundo o psicólogo Alexandre Lowen, "as nossas experiências de prazer e dor são determinadas por aquilo que acontece no corpo"[53]. A ameaça contra a integridade do organismo tensiona a musculatura e

49. Entrevista realizada em São Paulo, outubro 2004.
50. Irene Hajos n. 80957 é judia húngara. Foi deportada num comboio que partiu de Budapeste, em 1944. Quando retornou, em 1945, encontrou um ambiente muito hostil na Hungria. Um ano após seu regresso, casou-se com um rapaz católico. Inconformada com a difícil situação dos judeus na Hungria, Irene conseguiu, ainda em 1946, um visto europeu, que lhe permitiu imigrar para a França. Reside em Paris desde 1946. Irene teve quatro filhos e sempre trabalhou na pesquisa e documentação dos assuntos referentes aos campos de concentração.
51. "Vous voyez que je n'arrive pas a parler. Je pense qu'il y avait de la douleur, que ça faisait mal. De tout façon quand on pique avec une aiguille même si vous ne sentez pas beaucoup la douleur, ça nos chatouille, ça fait mal, je suppose que ça fait mal, même si ça ne fait pas mal, dans notre tête c'était que ça fait mal, parce qu'il ne faut pas oublier, parce que le voyage de trois jours et trois nuits, parce que les conditions dans lesquelles nous sommes arrivés, dégoûtants, sales et puis cette séparation brutale. Et là a commence tout de suite notre transformation. Il a fallu se déshabiller, toute nue. j'en suis sûre. On n'était plus rien qu'un numéro". Entrevista realizada em Paris, outubro 1999.
52. M. Fleming, *Dor sem Nome, Pensar o Sofrimento*, p. 23.
53. A. Lowen, *Prazer*, p. 23.

A ANIQUILAÇÃO DE UM HOMEM 43

gera a dor, e "a dor é um sinal de perigo", completa Lowen. É fora de dúvida que isto fazia mal, pois não podemos esquecer que este era um ritual imposto ao corpo já magoado e tenso pelas outras injúrias vexatórias, como o corte de cabelo, a nudez e os rituais de higiene, iniciadas na deportação, ou em alguns casos, até mesmo antes, com a imposição dos outros emblemas estigmatizantes, como os *pogrons*[54], e violentamente intensificados na chegada a Auschwitz.

Outro ponto a considerar são os deportados, vindos de muitas culturas e apresentando diferentes caracteres físicos, biológicos e psicológicos. Pois se a dor é uma experiência universal, existe em todas as culturas, ela é igualmente uma percepção singular. Jean Améry, ele mesmo em seus anos de campo de concentração, constatou que os eslavos e, principalmente, os russos suportavam os serviços mais facilmente que os italianos, os franceses, os holandeses ou os escandinavos. Com efeito, completa Améry, "em relação ao corpo, nós não somos iguais diante da dor e da tortura"[55]. Também assim se expressa o médico cirurgião francês, professor e membro do Collège de France, René Lerche:

> Nós não somos iguais diante do fenômeno da dor. Um sofre enquanto outro, aparentemente, não sente ainda quase nada. Esta reação depende da qualidade individual de nosso sistema nervoso. [...] Do ponto de vista psicológico, a dor também não escapa do conceito de individualidade. A história nos revela que o homem atual é mais sensível à dor que seus ancestrais, mas isto é puramente no plano psicológico. Eu não falo, então, aqui de uma hipotética força de resistência moral e eu me atenho ao domínio psicológico. [...] De outra parte, a reação à dor varia segundo os povos. Duas guerras nos permitiram constatar que a sensibilidade física não é a mesma entre os alemães, franceses ou ingleses. Mas a maior diferença é entre os europeus, asiáticos e os africanos. Os últimos suportam incomparavelmente melhor a dor que os primeiros[56].

Com efeito, a percepção da dor até certo ponto pode depender da raça, mas não só da diversidade racial em linhas gerais, se é que hoje ainda se possa falar em corpo racial. A organização cultural, mais do que a biologia racial, impõe tabus à dor e à manifestação do sofrimento. Para muitas culturas, expressar a dor revela fraqueza e covardia. Os estados psicológicos e as expectativas sociopolíticas e, até mesmo, religiosas também precisam o grau de suportabilidade à dor. Muitos rituais sacros, por exemplo, são acompanhados de sofrimentos, ou da sua manifestação, para conferir sua validade. A dor pode estar relacionada aos nossos valores e crenças, à vida privada de cada um. No caso das nazi-tatuagens, esta "invenção autóctone[57] de Auschwitz",

54. Vocábulo russo que significa massacre. Mais detalhes a esse respeito, ver p. 69-76.

55. J. Améry, op. cit., p. 76.

56. Idem, p. 75.

57. Autóctone: aplica-se aos fenômenos que se produzem no próprio lugar onde são produzidos. Dicionário Michaelis, p. 264.

44 AS NAZI-TATUAGENS: INSCRIÇÕES OU INJÚRIAS NO CORPO HUMANO?

como classifica Primo Levi, "tratava-se também de um retorno à barbárie, tanto mais perturbador para os judeus ortodoxos; de fato, justamente para os judeus dos 'bárbaros', a tatuagem é vedada pela lei mosaica"[58].

Essa é uma observação importante. A tatuagem é vedada pela lei mosaica – como já mencionei na introdução deste trabalho – e os nazistas certamente sabiam disso. Assim, para os judeus ortodoxos, a tatuagem era experimentada como uma dupla ofensa, já que infringia também um tabu religioso.

Entretanto, muitos nem tinham conhecimento do que era a tatuagem, do que significava ser tatuado. Eram muito jovens e a tatuagem não era um procedimento corriqueiro naqueles anos na Europa, especialmente nas sociedades familiares e classes trabalhadoras. Lembro aqui o já enunciado na introdução deste trabalho: a tatuagem nesses anos, na Europa, era tida como procedimento de prostitutas, marginais e prisioneiros.

Sara Forminko n. A-11224B nos confirma o desconhecimento desse procedimento naquela época:

> Eu não sabia o que era tatuagem. Quando a gente está na cadeia, o que a gente vai fazer [...] eles mandaram a gente abrir a mão e escreveram isso com uma agulha, como uma injeção. Naquele tempo eu era nova, eles disseram que ia fazer um número pra gente não fugir. Fugir pra onde? Tinha as guaritas, as cercas de arames farpados, muitos tentaram se jogar lá, mas morreram eletrificados. Não tinha pra onde ir[59].

A situação psicológica também determinou a percepção da dor. Henri Wolff n. 62571 conta:

> Minha tatuagem não me incomoda absolutamente. Quando eles a fizeram eu estava muito traumatizado, principalmente por causa de minha mãe. Eu sabia que ela tinha sido enviada à câmara de gás. Lá, certamente, foi terrível. O olhar de minha mãe, eu não o esqueci jamais. E mais, eu não sou um homem religioso. Mas, se eu fosse, eu sei que a primeira lei da Torah é preservar a vida. É o que eu sempre penso. É preciso preservar a vida. É a coisa mais importante[60].

O trauma registrado traduziu-se na injúria pela perda da mãe, seu único vínculo afetivo, naquela ocasião. A percepção do trauma está condicionada à situação em que o ritual é imposto.

---

58. Levítico 19, versículo 28. Apud P. Levi, op. cit., 1990, p. 72.

59. Entrevista realizada em São Paulo, outubro 2004.

60. "Mon tatouage ne me gêne pas de tout. Quand ils me l'on fait, j'étais traumatisé surtout à cause de ma mère. Je savais qu'elle était envoyée à la chambre à gaz. Là bien sûr, c'était terrible. Le regard de ma mère, je ne l'ai jamais oublié. En plus, je ne suis pas un homme religieux. Et, si je l'étais, je sais que la première loi de la Torah c'est préserver la vie. C'est ce que j'ai toujours pensé. Il faut préserver la vie. C'est le plus important". Entrevista realizada em Paris, outubro, 1998.

A ANIQUILAÇÃO DE UM HOMEM   45

Além dos casos acima explicitados, é preciso lembrar que havia muitos blocos, muitos Kapos e os métodos não eram, necessariamente, os mesmos. Alguns eram mais penosos e muitos vivenciaram também a dor física e as complicações patológicas. É significativo ouvirmos outras experiências. Yvette Lévi n. A-16696 conta:

> Havia a dor para fazer a tatuagem. A tatuagem era muito dolorosa. Quando certos livros nos dizem que isto não fazia mal, para mim, eu posso lhe dizer, isto fazia muito, muito mal. Eu posso lhe dizer, talvez aqueles que foram tatuados na parte externa do braço. Mas nós, nós fomos tatuadas na parte interna do braço. E quando pegava as veias... era horrível. Tudo inchava. Eu, eu não sabia, foi só na saída do campo que eu percebi que eu era reativa a tudo que me faziam no corpo[61].

Havia a dor física também. A pele não é igual em todo o corpo, há partes mais sensíveis, com textura, flexibilidade e inervações diferentes. E, é bom lembrar, os problemas relativos às alergias, às enfiações e às contaminações pelo uso do mesmo material em milhares de deportados. Nesse procedimento muitos foram ameaçados pelos choques alérgicos, pelas infecções e pelas doenças contagiosas que os conduziram à morte. Marcel Stourdzé n. 157242 lembra:

> Para fazer uma tatuagem, um porta-pena, no lugar de uma pena, um pequeno alfinete plantado ao contrário; há então uma bola, uma bola bem pequena. Eles molhavam a bola na tinta, como uma pena, e faziam os buracos. Um número inacreditável. Isto se vê muito bem. Você tem vinte buracos para fazer um algarismo. Se você tem seis algarismos, cem, cento e vinte, cento e cinqüenta buracos! Em alguns sangrava porque eles tinham a pele muito dura. Precisava muita força para furar a pele com aquela bola. Alguns morreram pelas infecções causadas pela tatuagem. Você pode imaginar o quanto isto era doloroso! Não era uma perda de personalidade, era mesmo uma prova[62].

Além disso, outros códigos ou procedimentos logo foram adicionados. No hospital em Krankenbau, lembra Majer Szyndelman n. 28248, "um médico passava com um tatuador e nos casos mais graves ele tatuava um 'L' para os judeus, que significava 'Leiche'– cadáver em francês – e um 'A' para os arianos". Se houvesse uma seleção no hospital, os "L" eram enviados às câmaras de gás, os outros restavam[63].

---

61. "Et il y avait de la douleur pour faire le tatouage. Le tatouage était très douloureux. Quand certains livres nous di que ça ne faisait pas mal, moi, je peux vous dire, ça faisait très, très mal. je peut vous dire, peut-être ceux qui sont tatoués sur le dessus du bras, mais nous, on a été tatouées à l'intérieur du bras, et quand il y avait des veines, quand ils piquaient les veines... c'était horrible, tout gonflait. Moi je ne savais pas, c'était seulement en sortant du camp que j'ai réalisé que j'étais réactive à tout ce qu'on me faisait". Entrevista realizada em Paris, outubro 1999.

62. Apud G. Cohen, op. cit., s/n.

63. Idem, ibidem.

46   AS NAZI-TATUAGENS: INSCRIÇÕES OU INJÚRIAS NO CORPO HUMANO?

A impressão da letra "L" – cadáver – era o equivalente à leitura da sentença de morte. A partir daí, era só aguardar o momento, que podia ser simbólico, já que a espera em si mesma conduzia à morte.

Também a sigla KL[64], marca sem numeração, foi tatuada em alguns deportados, especialmente poloneses, no primeiro ano, 1941. Pouco se sabe sobre esse registro. Como já citei neste trabalho, essa parece ter sido uma marca anterior aos números, tatuada nos primeiros deportados. No Brasil, encontrei três poloneses com essa marca, os irmãos Miguel e Moises Tenenholz e Gerber.

Mas não só o código inscrito na pele era diversificado, também o procedimento. Moises Tenenholz KL[65] nos conta:

> Essa marca eu não a queria. Ela me foi registrada no campo. Primeiro, ordenaram que ficássemos em fila, sem nos informar para quê. Eu estava posicionado perto do trigésimo lugar. De vez em quando ouvíamos um barulho ensurdecedor de tiro (pum). Todos se indagavam, "o que está acontecendo?". Logo veio a resposta. Eles tatuavam as letras KL (Konzentrationslager). Minha vez chegou, logo compreendi. O tatuador SS uniformizado perguntava: dói? Quando a resposta era positiva, ele matava. Tínhamos que ter coragem. Quando terminava, tínhamos que agradecer. Agradecer a vida que nos tinha sido poupada[66].

Nesse contexto, para preservar sua vida, o injuriado precisava dissimular sua dor física e, sobretudo, sua dor moral. Definitivamente, a operação-tatuagem era uma provocação, uma injúria, sem qualquer possibilidade de humanismo.

Todavia, outros depoimentos são menos dolorosos e registram até mesmo a intenção de driblar o sistema. Gerber[67], judeu polonês,

64. KL (Konzentrationslager). A Associação Amicale des Déportés D'Auschwitz, em Paris, que documenta e divulga a histórias dos campos de concentração, não conhece esse registro.

65. Moises Tenenholz e seu irmão Miguel são judeus poloneses. Foram deportados juntos em Varsóvia, em 1941, no dia do casamento de uma de suas irmãs, que também foi levada ao campo e morreu nas câmaras de gás. Miguel foi levado ao campo com a esposa e dois filhos. Só Miguel e Moises saíram do campo. A esposa e filhos de Miguel também foram mortos nas câmaras de gás. Os irmãos Tenenholz estiveram em diversos campos de trabalho – Yenhisof (três meses), Budzin (dezoito meses), Mieletz (fábrica de aviões), Bielichka (fábrica de sal), Florenburg e Therezenchtat, quando foram libertados. Após a guerra, ele e seu irmão foram se refugiar na Colômbia e, nos anos de 1960, fixaram residência em São Paulo, trabalhando como comerciantes. Na Colômbia, Miguel casou-se e teve uma filha, Norma Tenenholz Grinberg, hoje ceramista e professora na USP. Encontrei o Sr. Miguel em 1997, por intermédio de sua filha, Norma. Nessa ocasião, o Sr. Miguel, com idade de 94 anos, já estava gravemente enfermo e faleceu quinze dias depois. Por um presente da vida, conheci-o antes de falecer, pois o Sr. Miguel era um homem lindo, religioso e amava muito a vida. O Sr. Moises casou-se aqui no Brasil, mas nunca teve filhos.

66. Entrevista realizada em São Paulo, janeiro de 1998.

67. Gerber veio para o Brasil depois de 1946 e vive hoje na Lar Golda Meir. Entrevista realizada em São Paulo, janeiro 1998.

interno no campo de concentração e trabalho de Monowitz, também não recebeu o número, mas as letra KL e a operação-tatuagem aconteceu sem muito terror. Conta o Sr. Gerber que logo após a operação-tatuagem alguns deportados chuparam a tinta impressa e apagaram ou minimizaram a impressão da tatuagem. Sua marca, por exemplo, é incompleta. Sr. Gerber KL depõe que ao começar a chupar a tinta, logo desistiu; pensou que esta seria uma marca-documento de sua passagem pelo campo.

Anna Zara n. A-16831 também assim se pronuncia: "Logo que a operação acabou, uma colega me disse para passar a mão por cima, isto apagaria um pouco os traços da tinta. Eu o fiz, sim, ainda não estava bem seco. Realmente, a pele não inflamou, é por isso que não se vê bem meu número"[68].

Entretanto, mesmo sabendo da possibilidade de atenuar a marca, muitos, ou por desconhecimento dessa possibilidade, ou talvez por medo do controle, não tiveram essa oportunidade.

Yvette Lévi n. A-16696 conta: "quando alguém dizia, 'nós a retiramos, nós a retiramos', nós, a gente não tirou, nós fomos obrigados a conservá-la"[69].

O ritual da tatuagem nos campos nazistas foi vivenciado por milhares de pessoas vindas de países e culturas diferentes, e que passaram por centenas de Kapos. Ainda que para todos este tenha sido um ritual de exclusão, dor e impotência nem todos registraram a mesma dor. Ou seja, cada um na sua singularidade cultural ou privada vivenciou não só este ritual, bem como todos os outros, de diferentes maneiras.

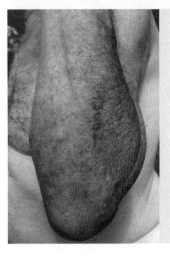

Foto do braço tatuado de Majer Jesion n. 143062 (foto de Cláudia Calabi).

68. Apud G. Cohen, op. cit., s/n.
69. "Quand il y avait quelqu'un qui disait 'on a enlevé, on a enlevé' nous, on n'a pas enlevé, on a été bien obligées". Entrevista realizada em Paris, outubro 1999.

48 AS NAZI-TATUAGENS: INSCRIÇÕES OU INJÚRIAS NO CORPO HUMANO?

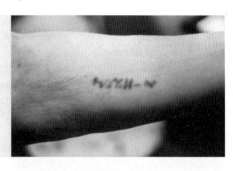

Foto do braço tatuado de Sara Fominko n. A-11224B.

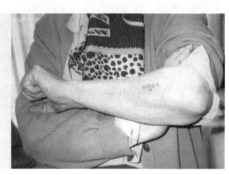

Foto do braço tatuado de Irene Hajos n. 80957.

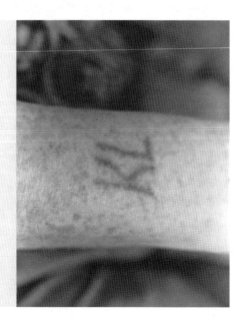

Sigla concentracionária. Foto do braço de Moises Tenenholz.

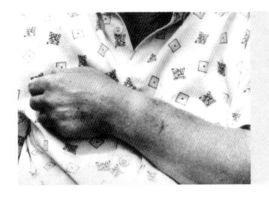

Gerber KL mostrando sua tatuagem no braço esquerdo.

A MATRÍCULA: INSULTO AO NOME

"A violência da tatuagem era gratuita, um fim em si mesmo, pura ofensa. Não bastavam os três números de pano costurados nas calças, no casaco e no agasalho de inverno? Não, não bastavam: era preciso algo mais, uma mensagem não-verbal, a fim de que o inocente sentisse escrita na carne sua condenação", diz Primo Levi[70].
Você não tem mais nome: este é seu novo nome. Encontramos semelhante depoimento expresso por muitos deportados. Eva Tichauer, judia de origem alemã, assim se pronuncia:

> Grande especialidade de Auschwitz, nossa matrícula, para ser indelével, deverá ser marcada dentro da carne do nosso braço esquerdo. Eu me tornei o número 20832. Todas estas cerimônias de iniciação levam um dia inteiro de nossas vidas, inesquecível para os sobreviventes. Auschwitz permanece tatuado no nosso corpo. O processo de nossa degradação detonado. Nós não somos mais indivíduos, mas números[71].

Porém, esses não são depoimentos isolados. Seleciono aqui dois depoimentos registrados no livro de Gilles Cohen, já citado na introdução deste trabalho.

> Não era uma perda de personalidade, era já uma prova. Após a ducha gelada e a depilação total, nos passaram petróleo. Tudo que desumanizava o indivíduo. Não havia mais nome, não havia mais que isto, só um número[72].

Ou ainda, o depoimento de Raymond Kamioner n. 38623:

> Os algarismos eram grandes ou pequenos, seguidamente grossos e mal feitos. O triângulo, tatuado no mesmo momento, indicava "judeu". Com a tatuagem, eu não existia mais como "Raymond Kamioner", mas como número 38623[73].

---

70. P. Levi, op. cit., p. 26.
71. *J'étais le numéro 20832 à Auschwitz*, p. 60.
72. Marcel Stourdzé n. 157242, apud G. Cohen, op. cit., s/n.
73. Raymond Kamioner n. 38623, idem, ibidem.

50   AS NAZI-TATUAGENS: INSCRIÇÕES OU INJÚRIAS NO CORPO HUMANO?

Dessa maneira, o "batismo" nazista gravou para sempre na memória do corpo o horror do ritual de exclusão, de morte.

Desde o início de 1942, em Auschwitz e nos campos subordinados, o número tatuado no antebraço esquerdo é, por assim dizer, o único distintivo em meio à homogeneização do grupo. Conta Primo Levi:

Ao que parece, esta é a verdadeira iniciação: só "mostrando o número" recebe-se o pão e a sopa. Necessitamos de vários dias e de muitos socos e bofetadas, até criarmos o hábito de mostrar prontamente o número, de modo a não atrapalhar as cotidianas operações de distribuição de víveres; necessitamos de semanas e meses para acostumarmo-nos ao som do número em alemão[74].

A partir do ritual da matrícula numérica, a sobrevivência dependia da memorização dessa matrícula em alemão, única marca de quem foi desumanizado.

Yvette Lévi n. A-16696 ainda lembra do dia seguinte à sua chegada a Auschwitz:

Eles nos colocaram num bloco de madeira e nós passamos a noite, enfim, uma parte da noite, que nós não dormimos. E, de repente, a luz se acendeu. Isso era a chamada em alemão, mas quem compreendia alemão? Entre as jovens? Pouca gente, apenas as que falavam um pouco de ídiche. Então, bom, eu pessoalmente não tive muito problema. Eu compreendia um pouco de iídiche. Mas eu conheci algumas colegas que jamais se lembravam de seus números em alemão. E, quando havia uma chamada, elas não sabiam e não podiam responder a seu número. A Kapos, ela batia. Ela não tinha nenhuma pena de nós. Ela tinha sempre um bastão na mão e ela batia duro como ferro porque não tínhamos respondido à chamada. Quando alguém compreendia o número nos cutucava um pouco ou fazia "Hum... Hum..." e nós tentávamos nos recuperar. Mas teve algumas que jamais souberam seu número em alemão[75].

Os campos reuniam deportados de todas as nacionalidades, alguns vindos de países de língua e até alfabeto completamente diferentes do alemão. Madame B. n. A16751, em depoimento a Gilles Cohen assim se pronunciou: "Meus parentes eram russos. Meu pai judeu

74. P. Levi, *É Isto um Homem?*, p. 26.
75. "Ils nous ont mis dans un bloc en bois, et on a passé la nuit, enfin, une partie de la nuit et on n'a pas pu dormir, et tout à coup, la lumière s'est allumée, ça, c'était l'appel en allemand, mais, qui comprenait l'allemand? parmi les jeunes? pas beaucoup, celles qui parlaient un peu de yiddish. Alors, bon, personnellement, moi, je n'ai pas eu trop de problème. Je comprenais un peut de yiddish. Mais, j'ai des camarades qui n'ont jamais su se rappeler de leur nom en allemand, et quand il y avait un appel, on ne savait, on ne pouvait pas répondre à son numéro, la kapo, elle nous tabassait, elle n'avait aucune piqué pour nous. Elle avait toujours un bâton à la main, et elle frappait dure comme fer, parce qu'on n'avait pas répondu à son numéro. Quand elle seule comprenait le numéro elle nous poussait un petit peu ou faisait hum, hum... et on essayait de se repérer. Mais il y avait des filles qui n'ont jamais su leur numéro en allemand". Entrevista realizada em Paris, outubro 1999.

A ANIQUILAÇÃO DE UM HOMEM 51

lituano. Ah, sim, justamente! Então, para lembrar do número em alemão!"[76]. Com efeito, a chamada baseada na classificação numérica em si mesma já constituía mais uma injúria; até porque, se por um lado essa chamada dos números em alemão significava mais uma ameaça para os deportados vindos de países de idioma diferente, por outro, significava uma humilhação aos judeus alemães, pois se sentiam presos em suas próprias casas, muitas vezes por seus próprios irmãos de sangue. Muitos deles tinham até mesmo trabalhado e lutado pela Alemanha em anos anteriores. Como diz Primo Levi n. 174517, "um era deportado, o outro, um estrangeiro em sua própria pátria"[77].

Ademais, se o deportado já se sentia privado de toda sua subjetividade, essa reunião de indivíduos anônimos, procedentes de lugares distintos, sem se conhecerem e sem uma língua comum, dificultava uma rebelião.

Da tatuagem só estavam isentos os prisioneiros alemães não judeus[78]. Entre os judeus, mesmo as crianças eram marcadas[79]. Obedecendo ao *típico talento alemão para as classificações*, como lembra Primo Levi n. 174517, logo se delineou um autêntico código. Como já citamos mais acima, os números não foram suficientes para catalogar o elevado e diversificado número de pessoas recolhidas nos campos de concentração filiados a Auschwitz. Logo outros símbolos distintivos começam a ser incorporados, aparentemente para facilitar a identificação dos mortos e o controle dos detentos. Diz Primo Levi:

Só bem mais tarde, pouco a pouco, alguns de nós aprendemos algo da macabra ciência dos números de Auschwitz, na qual se resumem as etapas da destruição do judaísmo europeu. Aos velhos do campo o número revela tudo: a época da entrada no campo, o comboio com o qual se chegou e, conseqüentemente, a nacionalidade. Todos

76. Madame B., n. A-16751 apud G. Cohen, op. cit., s/n.
77. Primo Levi, Les naufragés et lês rescapes..., 1986, p. 133.
78. Saliento aqui que esta não é uma afirmativa válida para todo o período de duração dos campos. Alguns deportados não foram tatuados; alguns por terem sido transferidos em seguida para outros campos, outros por terem sido deportados aos campos de Auschwitz e Birkenau em 1944, quando os ataques das forças aliadas provocavam pânico nos nazistas. A esse respeito, os depoimentos de Bella Herson e Janina Landau Schlesinger são significativos, ver p. 39-40.
79. Até setembro de 1944, conta Primo Levi, "não existiam crianças em Auschwitz: eram todas mortas nas câmaras de gás logo na chegada. Depois dessa data, começaram a chegar famílias inteiras de poloneses, detidos aleatoriamente durante a insurreição de Varsóvia: todos eles foram tatuados, inclusive os recémnascidos", em *Os Afogados e os Sobreviventes*, p. 71 e narra em *A Trégua*: "Hurbinek, que tinha três anos e que nascera talvez em Auschwitz e que não vira jamais uma árvore; Hurbinek, que combatera como um homem, até o último suspiro, para conquistar a entrada no mundo dos homens, do qual uma força bestial o teria impedido; Hurbinek, o que não tinha nome, cujo minúsculo antebraço fora marcado mesmo assim pela tatuagem de Auschwitz; Hurbinek morreu nos primeiros dias de março de 1945, liberto, mas não redimido".

52 AS NAZI-TATUAGENS: INSCRIÇÕES OU INJÚRIAS NO CORPO HUMANO?

tratarão com respeito os entre 30 mil e 80 mil: sobraram apenas algumas centenas, assinalam os poucos sobreviventes dos guetos poloneses. Convém abrir bem os olhos ao entrar-se em relações comerciais com um 116 mil ou 117 mil: já devem estar reduzidos a uns quarenta, mas trata-se dos gregos de Tessalônica, não devemos deixar-nos enrolar. Quanto aos números mais altos, carregam uma nota de leve ironia, como acontece para os termos "novato" ou "calouro" na vida normal[80].

Dessa forma, essa identificação numérica tatuada, registro regulamentar dos nazistas, foi – não por todos, como adverte Primo Levi n. 174517 – assimilada pelos confinados nos campos. Evidencia-se nesta assimilação que o número tatuado – código cifrado – assumiu o lugar do nome, pois, para os que aprenderam *a macabra ciência dos números de Auschwitz*, este foi um meio auxiliar para a sobrevivência em grupo, uma vez que sabiam identificar seus companheiros e como proceder em relação a eles.

Se o número virou código e auxílio para muitos detentos, ele representou também a morte ou perda de si mesmo. Simone Lagrange n. A8624, capturada em Lyon e deportada a Auschwitz em 1942, aos 13 anos, nos conta em seu livro:

Duas a duas, nós entrávamos numa pequena peça iluminada por uma lâmpada pendurada no forro. Três mulheres nos esperam sentadas em um banco. Elas vão nos tatuar um número no braço, o que eu não acredito porque nós não somos animais que vão ao abatedor! Logo nós não seremos mais que matrículas para sempre gravadas no nosso braço esquerdo; em pouco tempo, nós não seremos mais pessoas. Aquilo fazia mal, uma tatuagem, mas o que mais me incomoda é que eu me sinto suja por esta marca. De agora em diante ela faz parte de mim para sempre[81].

Você não tem mais nome, este é o seu nome. De agora em diante você é um número, em alguns casos seguido de uma identificação étnica, religiosa ou política. O nome é sempre uma mediação entre identidade e memória. "O nome próprio, e geralmente toda a nomeação de um indivíduo ou de um grupo de indivíduos, é uma forma de controle social, de alteridade ontológica do sujeito ou de alteridade representada pelo grupo"[82], diz Candau a propósito da perda do nome nos campos de concentração nazistas. Nós estamos no nosso nome, nosso nome habita em nós. O nome estabelece a mediação entre o sujeito e os núcleos sociais. Por meio do nosso nome entramos em relação com o outro, nos comunicamos, tornamo-nos sujeitos sociais. Por um lado, o nome nos individualiza, e indivíduo é o não-dividido, o indivisível, o único, o singular; por outro, o nome é uma forma de controle social e, também, uma herança cultural. Por meio do nosso nome mantemos laços afetivos de filiação religiosa, continuidade política e histórica que são sempre

80. *A Trégua*, p. 26.
81. *Coupable d'être née*, p. 55-56.
82. J. Candau, op. cit., p. 59.

A ANIQUILAÇÃO DE UM HOMEM   53

renovados na transmissão do nome. "O nome escreve o sujeito dentro de um tempo e um espaço conhecido", diz Zonabend[83]. Deste ponto de vista, a substituição do nome pelo número significa mais do que a eliminação do sujeito, significa a eliminação do grupo social, religioso e político. Diz Irene Hajos n. 80957: "Eu, eu vos digo, os alemães queriam mesmo matar nossa identidade"[84]. Para o psicólogo Arnaud Tellier – já citado neste trabalho a propósito das injúrias –, "a perda do nome causa a perda dos referentes temporais e espaciais. Resulta no encurtamento dos espaços interiores. Não há mais lugar para uma interiorização. Não há mais nem tempo e nem meios para concentrar-se em si mesmo"[85]. O nome é nosso referente identitário; liga-nos à família, à religião, à nação. Perdê-lo significa perder nosso passado, nossa tradição, nossa identidade. Diz Primo Levi n. 174517, "Para viver é preciso uma identidade, isto é, uma dignidade. [...] quem perde uma , perde a outra também, ele morre de espírito: privado de seus referentes, ele está, então, exposto também à morte física"[86]. Percebemos, assim, que a substituição do nome pelo número induz a patologias existenciais. O sistema de numeração serve para contar, quantificar e igualar, homogeneizar, portanto. O código numérico gravado nos corpos dos deportados transforma-os em ordens humanas e não mais seres humanos. Durante a guerra houve muitas baixas, principalmente de judeus. Os corpos eram ou cremados ou enterrados em valas comuns, sem registros. A marca tatuada durante o nazismo, letra seguida de um número, é uma "mensagem não-verbal", é a lápide de uma "morte interminável"[87], anônima, mas anunciada. A substituição do nome pelo número é o ápice da condenação. Diz Primo Levi n. 174517:

Num instante, por intuição quase profética, a realidade nos foi revelada: chegamos ao fundo. Mais para baixo não é possível. Condição humana mais miserável não existe, não dá para imaginar. Nada mais é nosso: tiraram-nos as roupas, os sapatos, até os cabelos; se falarmos, não nos escutarão e, se nos escutarem, não nos compreenderão. Roubaram também o nosso nome, e, se quisermos mantê-lo, devemos encontrar dentro de nós a força para tanto, para que, além do nome, sobre alguma coisa de nós, do que éramos[88].

83. Idem, p. 60.
84. "Moi, je vous dis, que les Allemands ont voulu vraiment tuer notre identité". Entrevista realizada em Paris, outubro 1999.
85. A. Tellier, *Experiences traumatiques et écriture*, p. 57.
86. *Lês naufragés et lês rescapés*, p. 126 (tradução minha).
87. Palavras escritas por Jean Améry, apud *Os Afogados e os Sobreviventes*, p. 10.
88. *A Trégua*, p. 25.

Parte II
A Liberação

3. Mas "O Que Éramos?"

Serge Klarsfeld, presidente da associação Les filles et fils des déportés juifs de France, ele mesmo filho de um judeu morto no campo de Auschwitz, lembra que mesmo antes da guerra, na Alemanha hitleriana, só era permitido aos judeus identificarem-se pelo prenome – Israel ou Saha. No universo concentracionário exterminador, os nazistas destruíam imediatamente, logo na chegada, todos os papéis pessoais dos judeus, antes mesmo de enviá-los às câmaras de gás e cremá-los. Estes transformados em cinzas, e os selecionados transformados em matrículas. Eles perdiam sua identidade, que era substituída pela matrícula impressa não sobre um papel, mas na própria carne. Não eram mais que números antes de desaparecerem nas câmaras de gás como cinzas dispersas[1].

Essa observação de Klarsfeld a respeito da objetivação ou materialização do povo judeu nos campos nazistas é compartilhada por outros historiadores. Enzo Traverso, comenta: "nas câmaras de gás, a morte tornava-se, pela primeira vez, anônima e 'limpa'", e esclarece:

as vítimas dos campos transformadas em números não eram mais que o produto de uma morte industrializada – serializada e calculada – compatível com os outros sistemas industriais modernos já preconizados por Taylor. A exterminação foi praticada por

---

1. Apud G. Cohen, *Les matricules tatoués des camps d'Auschwitz*, s/n.

58   AS NAZI-TATUAGENS: INSCRIÇÕES OU INJÚRIAS NO CORPO HUMANO?

processos que se inscreviam dentro da *normalidade* do mundo moderno: a racionalização, a burocratização, a industrialização. [mas, continua].

Auschwitz marca também uma ruptura com as formas de civilização industrial moderna descritas por Max Weber (a procura racional do lucro) e Karl Marx (a acumulação de capital e a produção da mais-valia). Se os campos de exterminação funcionavam como usinas, seu produto final – a morte – não era nem uma mercadoria nem uma fonte de lucros. A destruição tinha um objetivo em si e entrava em contradição com a própria lógica da sociedade que a havia formulado, porque seria impossível encontrar uma racionalidade econômica a este sistema de aniquilamento. Levada às últimas conseqüências pelo genocídio[2], a biologia racial rompia também com a lógica tradicional do anti-semitismo, que precisava dos judeus para fazê-los de emissários sempre disponíveis, o que implicava a preservação de seus inimigos para sustentar o ódio ancestral constantemente renovado. Por meio da exterminação, o anti-semitismo seria erradicado a ponto de negar seus próprios fundamentos. [...] Este genocídio nasceu do encontro fatal do anti-semitismo moderno, biológico e racial, com o fascismo, dois pólos obscuros e sinistros da modernidade que encontraram uma síntese na Alemanha, mas que, tomados separadamente, já foram largamente alastrados dentro da Europa entre guerras. Neste sentido, muito mais que uma especificidade alemã, Auschwitz constitui uma tragédia da Europa do século XX. [...] Forma industrializada da barbárie, o genocídio judeu representa *uma manifestação patológica da modernidade*[3].

O anti-semitismo moderno, biológico e racial, que se traduziu *numa manifestação patológica da modernidade*, como adverte Traverso, merece aqui nossa atenção, antes de seguirmos o percurso dos deportados no fim dos campos.

Irene Hajos n. 80957, já citada aqui neste trabalho, em nossa conversa em outubro de 1999, lembrou que "os judeus já eram perseguidos antes mesmo das duas guerras, desde há muito tempo. Eles sempre foram perseguidos por alguma coisa. Desde os tempos dos romanos. Na Espanha de 1400[4], a mesma coisa. Mas nesta época, quando a gente pensa que nós somos civilizados"[5].

Em 15 de setembro de 1935, durante a realização do Congresso do Partido Nazista, a Alemanha, já extremamente crédula nos ideais raciais de seu futuro Führer, Adolfo Hitler, promulga uma lei "para a

2. Genocídio significa fazer desaparecer uma raça. Genos = raça, coedere = matar. Esse vocábulo foi inventado em 1944 pelo professor de Direito Internacional, Raphael Lemkin.

3. *L'histoire déchirée*, p. 228-232. Grifos do autor.

4. Na Península Ibérica do século XV ao XVIII alegava-se que os descendentes dos judeus deveriam ser eliminados para a preservação da fé católica, escreve a historiadora Maria LuizaTucci Carneiro e esclarece: "Estamos tomando a Península Ibérica apenas como exemplo referencial, o que não quer dizer que o anti-semitismo tradicional seja um fenômeno específico desses países", em *O Anti-semitismo na Era Vargas*, p. 33.

5. "Les juifs étaient persécutés avant les deux guerres, depuis ça est arrivé depuis longtemps. Depuis qu'ils vivent ils sont toujours persécutés pour quelque chose. Ça est arrivé au temps des Romains. En Espagne en 1400, la même chose. Mais, qu'à cette époque où l'on pense qu'on est plus civilisé". Entrevista realizada em Paris, outubro 1999.

proteção do sangue[6] e da honra dos alemães"; essa lei recebeu o nome de "Leis de Nuremberg". Nessa data o Reichstag, parlamento alemão, assim se pronunciou:

Firmemente persuadido de que a pureza do sangue alemão é a condição primordial da duração futura do povo alemão, e animado da vontade inabalável de garantir a existência da nação alemã nos séculos futuros, o Reichstag aprovou por unanimidade a seguinte lei, agora promulgada:

Art. 1°- 1) São proibidos os casamentos entre judeus e cidadãos de sangue alemão ou aparentados. Os casamentos celebrados apesar desta proibição são nulos e de nenhum efeito, mesmo que tenham sido contraídos no estrangeiro para iludir a aplicação desta lei[7].

A partir da promulgação dessas leis, os judeus foram excluídos da cidadania alemã e proibidos de manter relações sexuais com arianos ou prestar serviços a eles. Isolados por uma discriminação biológica, os judeus eram forçados a emigrarem e a se enquadrarem nos apátridas.

Segundo a historiadora Maria Luiza Tucci Carneiro, já na demarcação das áreas limítrofes dos países europeus, determinada no Congresso de Viena (1814-1815), a Alemanha formou um bloco unido no centro da Europa – Deutsche Bund – a Confederação Germânica e passou a registrar os judeus "como pertencentes a uma raça inferior", provocando assim as primeiras reações "antijudaicas sustentadas por um programa de pureza de raça que seria reaproveitado no século seguinte"[8].

Os estudos das raças e das diferenças étnicas em que se apoiou Hitler começaram no século XIX com os teóricos e filósofos alemães Houston Stewart Chamberlain, seu sogro, Richard Wagner, Thomas Wolfe e o conde Arthur de Gobineau, sendo que esse último foi autor da obra *Essai sur l'inégalité dês races humanaines*, publicado por volta

---

6. A esse respeito a revista *Shalom Análise*, 1979, em um artigo sobre os Fundamentos Ideológicos do Sistema Nazista, publicou alguns documentos inéditos. No documento 5, Heinrich Himmler, diretor dos campos de Auschwitz, em 4 de outubro de 1943, num discurso pronunciado perante os generais SS, considerava o assassinato das raças inferiores como perfeitamente legítimo. "Um princípio deve ser regra absoluta para os SS: com respeito às pessoas de nosso sangue [...] A sorte de um russo ou de um tcheco não me interessa de modo algum. O sangue de boa qualidade, da mesma natureza que o nosso, que as outras nações podem nos oferecer, nós o tomaremos... Nós alemães, que somos os únicos a tratar corretamente os animais, trataremos também corretamente estes animais humanos. Mas seria um crime contra nosso sangue nos preocuparmos com eles, dar-lhes um ideal, preparando assim para nossos filhos e nossos netos tempos mais difíceis [...] eu gostaria de falar da evacuação dos judeus, da exterminação do povo judeu. Aí está uma coisa fácil de dizer. 'O povo judeu será exterminado', diz cada membro do partido, 'é claro, está em nosso programa: eliminação dos judeus, exterminação: nós o faremos' ", p. 25.

7. Os outros artigos dessa lei estão no "Apêndice", ver p. 109.

8. M. L. T. Carneiro, *O Anti-Semitismo na Era Vargas*, p. 21.

de 1853. Esses "estudiosos" tinham como parâmetro a raça ariana, povo nórdico que apresentava características físicas tais como: estatura física acima dos outros povos, pele extremamente clara, olhos azuis e cabeça alongada. A partir dessas características, esses filósofos equivocadamente identificaram a raça ariana como sendo uma raça superior, mais robusta e saudável[9]. Hitler, em *Mein Kampf* (*Minha Luta*)[10], identifica o povo alemão como sendo descendente direto dessa raça e propõe uma limpeza ética com objetivos de dominar o mundo. Trechos do livro são esclarecedores de sua obstinação: "O Ariano, tipo superior da humanidade, portanto, arquétipo compreendido pelo termo Homem" ou, "Um Estado que se dedica a preservar os melhores elementos de sua raça (arianos) será um dia Senhor da Terra". Ainda nesse mesmo livro, Hitler determina os eslavos como raças inferiores e os negros e judeus como os opostos extremos dos superiores arianos[11].

A eugenia[12] – como ficou registrado esse estudo étnico-racial para melhorar as condições físicas e morais das gerações futuras, especial-

---

9. Ao se expressar a respeito da "Filosofia do Iluminismo", Cassirer assim se pronuncia: "Em vez de se fechar nos limites de um edifício doutrinal definitivo, em vez de restringir-se à tarefa de deduzir verdades da cadeia de axiomas fixados de uma vez por todas, a filosofia deve tomar livremente o seu impulso e assumir em seu desenvolvimento imanente a forma fundamental da realidade, forma de toda a existência, tanto natural quanto espiritual. A filosofia já não significa, à maneira dessas novas perspectivas fundamentais, um domínio particular do conhecimento situado a par ou acima das verdades da física, das ciências jurídicas e políticas etc..., mas o meio universal onde todas essas verdades formam-se, desenvolvem-se e consolidam-se. [...] Assim, é que todos os conceitos e os problemas, que o século VXIII parece ter simplesmente herdado do passado, deslocaram-se e sofreram uma mudança característica de significação. Passaram da condição de objetos prontos e acabados para o de forças atuantes, da condição de resultados para a de imperativos. Tal é o sentido verdadeiramente fecundo do pensamento iluminista". Cassirer, *A Filosofia do Iluminismo*, pp. 10-11 apud G. A. dos Santos, *A Invenção do Ser Negro, Um Percurso das Idéias que Naturalizaram a Inferioridade dos Negros*. Nota-se nesse trecho de Cassirer, que a partir da "Idade das Luzes", a filosofia segue a razão científica, ainda que extremamente equivocada, como vem demonstrando todos os estudos posteriores, mas que serviram na época para dar legitimidade e justificar todas as discriminações eurocentristas, sendo a mais atuante a defendida por Hitler em seu livro *Mein Kampf.*

10. Nessa autobiografia, na promessa de um mundo melhor, ele deixa claro que o objetivo de seu regime não é desenvolver uma discussão de princípios, de idéias, mas despertar a convicção de agir, de obedecer ao Estado-nação sem questionamentos.

11. B. Abraham. *Holocausto*, p. 15-16.

12. A eugenia surgiu no século XIX como uma nova "ciência" destinada a aperfeiçoar a raça humana, estando diretamente relacionada à ideologia racista e ao espírito científico, apoiados nas teorias evolucionistas. Caberia à eugenia eliminar os elementos de decadência, incentivar o aprimoramento de estruturas mentais e físicas, e selecionar gerações futuras. A fundamentação da "ciência eugênica" é atribuída a Francis Galton (1822 a 1911). Na Alemanha, o movimento foi liderado por Ploetz (1860-1940) preocupado em defender o aprimoramento racial da raça branca. Na década de 1920 foi fundada no Brasil a Sociedade Brasileira da Cultura Eugênica. Cf. M. L. T. Carneiro, op. cit., p. 62.

MAS "O QUE ÉRAMOS?"   61

mente pelo controle social dos matrimônios – e o anti-semitismo são duas faces de um mesmo Mefisto[13], que percorreu toda a Europa desde meados do século XIX até os anos da Segunda Guerra Mundial.

Aqui é indispensável lembrar que a Alemanha não estava isolada nesta obstinação racial. O historiador Gérard Noiriel, em seu livro *Les origines républicaines de Vichy*, lembra que o nascimento das ciências sociais na França, no fim do século XIX, teve por principal discussão os conceitos de etnia e nação, as modalidades para um cidadão ascender a um novo grupo e as implicações de governar diferentes etnias. Uma perfeita ilustração deste fenômeno é o livro de Gustave Le Bon *Psychologie des foules*, que obteve um grande sucesso na França e nos EUA e que "alertava": "as raças sendo determinadas pela hereditariedade biológica, a mixagem é um perigo. Com efeito, os cruzamentos, a partir de duas heranças diferentes, são inaceitáveis e ingovernáveis". Le Bon, em seu estudo das nacionalidades, opunha os crânios longos aos largos. Desta forma, completa Noiriel, Le Bon confundia o estudo das nacionalidades com o das raças. Le Bon rejeita ao mesmo tempo a imigração e a colonização[14]. Mas ele não é um teórico isolado nesta área. Vacher de Lapouge, em seu livro publicado em 1909, *Race et milieu social, essai d'anthroposociologie*, propõe uma nova leitura da história da França. Constatando que não há país na Europa em que as origens étnicas sejam puras, ele considera que apesar de todos os cruzamentos que se produziram no correr dos tempos, não houve, na França, uma verdadeira fusão de raças, porque as características hereditárias não se desfazem jamais completamente. Segundo ele, a população francesa, naquela época, era quase totalmente formada de cruzamentos que tinham duas heranças que se nivelavam. Os gauleses eram de raça ariana – raça superior – e subsistiam ainda, essencialmente, no seio das classes dominantes. Mas os cruzamentos provocaram uma degradação da raça, não somente no plano físico, mas também psicológico. Com efeito, "a mentalidade do povo francês mudou à medida que os cérebros curtos sobrepuseram-se aos longos", afirmava Lapouge. Ainda que as invasões dos francos e dos normandos tenham permitido recuperar um pouco o vigor da raça ariana, esses cruzamentos tiveram resultados catastróficos, limitando a eliminação progressiva da "raça superior" (ariana) em proveito das raças inferiores. Para remediar essa decadência, a única solução, propunha Lapouche, seria adotar uma política eugenista, eliminando os indivíduos anormais, os aleijados, e recrutando os indivíduos pertencentes à raça superior[15]. Outro perso-

---

13. Diabo na história de *Fausto*, de Goethe. Do hebraico *mephir,* destruidor. M. Lurker, *Dicionário dos Deuses e Demônios*, p. 135.

14. G. Noriel, *Les origines républicaines de Vichy*, p. 246.

15. Idem, p. 233.

62   AS NAZI-TATUAGENS: INSCRIÇÕES OU INJÚRIAS NO CORPO HUMANO?

nagem do meio acadêmico francês que acintosamente exerceu lideranças anti-semitas foi Georges Montandon[16]. Titular da cadeira de etnologia na Escola de Antropologia, ele fundou, no começo de 1941, com o patrocínio do Instituto Alemão em Paris, a *L'ethnie française*, revista mensal de doutrina étnico-racial e de divulgação científica. No fim desse ano, ele assume o "Comissariado Geral das Questões Judaicas" na qualidade de etnólogo encarregado de pesquisar as características da raça judaica. A partir de fevereiro-março de 1943, Montandon dirige o "Instituto de Estudos das Questões Judaicas e Etno-raciais", onde ele leciona "higiene racial". Em seus estudos, Montandon privilegiava a antropometria (medida de diferentes partes do corpo, especialmente da cabeça)[17].

Foi em meio a essa imensa discussão que novos vocabulários consolidaram-se no meio intelectual. Os trabalhos de Broca vão solidamente cravar o vocábulo "raça" no léxico da antropologia física. Mas o fato mais notável é a aparição dos vocábulos "etnia" e, sobretudo, "grupo étnico", desconhecidos antes da Terceira República[18], e que se propagaram a uma velocidade estupenda[19].

Não podemos aqui ignorar que esse estudo, considerado científico na época, logo chegou também ao meio intelectual brasileiro e encontrou um terreno extremamente propício, já que assim justificava ideologicamente o sistema de dominação e discriminação dos negros e mestiços logo após a abolição da escravatura e, nos anos de 1930-1940, dos judeus e dos imigrantes nipônicos. Entre os nomes brasileiros no estudo das hierarquias raciais e construções de um homem forte para a formação de uma nação desenvolvida, registramos especialmente o do médico Raymundo Nina Rodrigues e do psiquiatra Juliano Moreira. Nina Rodrigues, conceituando idéias pautadas na ciência positivista do mito das raças inferiores e superiores, construiu equivocadamente a idéia de que havia uma hierarquia racial e de que somente respeitando essa hierarquia seria possível a construção de uma nação forte e soberana. Intelectual de grande rigor acadêmico, seus estudos principais eram direcionados à questão penal. Não acreditava no livre-arbítrio, e defendendo o determinismo biológico, defendia a tese de que o índio,

16. Idem, ibidem. Georges Montandon foi morto em 1944 pela Resistência.
17. Idem, p. 215.
18. Idem, p. 243 e 261. Os ideais republicanos apoiavam-se nos ideais positivistas de Auguste Comte e defendiam a idéia de uma complementação entre a pesquisa científica e a política; em outras palavras, a política podia ser guiada pela ciência.
19. Idem, p. 321. Em 1943, Henri Vallois lembra a definição desses termos. A raça é "um grupo natural formado por homens apresentando caracteres físicos hereditários". A etnia é um "grupo formado por homens apresentando características de civilização, seu estudo provém da etnografia". A nação é "um grupo formado por homens reunidos sob um mesmo governo, seu estudo provém da história". Hoje, os estudos acadêmicos não admitem mais o emprego desses termos.

MAS "O QUE ÉRAMOS?"   63

o negro e o mestiço eram raças inferiores e não podiam receber o mesmo tratamento no Código Penal. Como homem político, Nina Rodrigues estruturou a Escola de Medicina na Bahia e formou vários discípulos. Intelectual de grande respeito em sua época, Nina Rodrigues é ainda muito lido e discutido em nosso tempo histórico, e suas idéias são muitas vezes de duplo sentido. Como esclarece Gislene Aparecida dos Santos, ele "só pode ser compreendido como fruto de uma época em que a ação política era pensada como algo que deveria estar totalmente submetido à ciência; na qual o Estado aparecia como única instância capaz de garantir a ordem e o progresso, desde que guiado pela ciência positiva, na qual os homens se resignavam às exigências do real. Época, portanto, do primado da necessidade"[20]. Inseridos nesse pensamento positivista, e valendo-se de sua condição de homens da ciência, outros médicos executavam procedimentos altamente discriminatórios. Um exemplo é o psiquiatra Juliano Moreira, que nas décadas de 1910-1920 reuniu uma turma de alunos e fundou a Liga Brasileira de Higiene Mental. Argumentando que a doença mental é hereditária, esse médico e sua equipe já tinham como prática médica esterilizar os pacientes. Segundo Luciana Hidalgo, "entre as vítimas figuravam especialmente os 'não-brancos', dotados de imaginárias e diabólicas tendências psíquicas, lesivas a uma idealizada raça brasileira"[21]. Mas não só Juliano Moreira e sua equipe, muitos outros eugenistas, sob o pretexto da loucura, mandavam esterilizar os alienados delinqüentes e os degenerados alcoólicos. Jurandir Freire Costa, em seu livro *História da Psiquiatria no Brasil*, "narra toda essa história de ignorância e preconceito, revelando que uma das máximas do pensamento eugenista prescrevia a esterilização como método de depuração"[22]. Além desses também o psiquiatra Olinto de Oliveira, em seu artigo "O Amor e a Higiene Mental", "distingue raças superiores (brancas) e raças inferiores (negras), destacando a correlação dessas noções com a degenerescência mental"[23].

Aqui no Brasil, essa polêmica não era uma exclusividade da intelectualidade médica. Pensamento importado da Europa, as idéias da desigualdade racial e a teoria da eugenia passaram também a circular na literatura. A *História da Literatura Brasileira*, de Sílvio Romero, é um exemplo. Leitor declarado de Gobineau, Romero sustenta em sua obra a idéia de uma "'sub-raça' resultante da união da raça branca com as demais, que por um processo de seleção natural acabaria por desapa-

20. G. A. dos Santos, op. cit., p. 133.
21. L. Hidalgo, "Arthur Bispo do Rosário: um Artista a Dois Metros do Chão", em V. G. da Silva (org.), *Memória Afro-brasileira*, p. 228.
22. Idem, ibidem. Aqui vale lembrar que esse método foi amplamente usado por Menguelle, nos campos de Auschwitz e Birkenau.
23. Idem, ibidem.

64　　AS NAZI-TATUAGENS: INSCRIÇÕES OU INJÚRIAS NO CORPO HUMANO?

recer. [...] a seu ver a imigração compensaria com sangue novo a dege-
neração provocada pelo clima, fazendo prevalecer entre nós a raça
branca"[24].

Já no começo do século XX, é na literatura de Euclides da Cunha
que as questões de mestiçagem são evidentes. Supunha ele que "a evolução cultural de um povo definia-se com uma evolução étnica, considerando a mestiçagem como prejudicial"[25]. Isso transparece em sua
obra *Os Sertões*, quando diz que "o mestiço é um ser inferior, incapaz
de concorrer para o progresso brasileiro, marcado pelo raquitismo e
qualificado de 'neurastênico do litoral' em contraposição ao forte ser-
tanejo"[26]. As condições que propiciavam o enfraquecimento do ser
mulato era o fato de este ter sangue negro.

Já por volta de 1918, a ideologia do arianismo foi defendida por
Oliveira Vianna em sua obra *Populações Meridionais do Brasil*. Guiado pelas idéias de Gobineau e Gustave Le Bon, Oliveira Vianna exalta
as qualidades dos arianos para dominar o mundo. Para ele, segundo
esclarece Tucci Carneiro, "o sangue ariano era o mais puro ou o mais
refinado. Delegava aos seus portadores, em oposição às classes mais
baixas, qualidades positivas como 'pureza, fidelidade à palavra e res-
peitabilidade' "[27].

Assim, as teorias desenvolvidas e sustentadas por intelectuais europeus parecem ter confundido também a cabeça de nossos intelectuais,
cientistas e literatos, que passaram a ver no positivismo, darwinismo
social e evolucionismo uma justificativa para sustentarem as preten-
sões de superioridade do homem branco, especialmente ariano, sobre
os outros povos.

Esse período de estudos etnogenia, apoiado na crença de uma raça
superior (ariana), encontrou muitos seguidores, mas não vale a pena
aqui mencioná-los todos. Entretanto, ainda resta citar seus opositores.
Especialmente um outro grupo de antropólogos, pesquisadores da Escola de Antropologia Francesa, que era hostil a tais preconceitos. Desde o final do século XIX, Émile Durkheim arduamente defendia a idéia
de que a integração dos imigrantes não era um problema racial, nem
étnico e nem religioso, mas uma questão social de ambas as partes, e
que deveria ser gerida pelo estado. Mas, na época, suas idéias sobre
essa questão foram ignoradas. Depois da Primeira Guerra Mundial, os
discípulos de Durkheim – François Simiand, Maurice Halbwachs[28],
Célestin Bouglé, Marcel Mauss – chegaram até a exercer algumas fun-

24. Apud M. L. T. Carneiro, op. cit., pp. 48-49.
25. Idem, p. 50.
26. Idem, ibidem.
27. Idem, p. 51.
28. Maurice Halbwachs foi morto no campo de concentração de Büchenwald.

ções eminentes na universidade e nos setores de pesquisa. Mas o poder político os manteve cada vez mais à distância[29].

Aqui no Brasil foi Batista Pereira o primeiro intelectual a se pronunciar sobre os absurdos das teorias raciais. Contestando a afirmação de que o negro é uma raça cruel, Batista Pereira critica Gobineau pela falta de objetividade e rigor científico de sua teoria. Em seu livro *O Brasil e a Raça*, Batista Pereira "clamou pela necessidade de criarmos um Brasil novo, pregando o culto à imagem da Pátria". Em 1933, na Casa Rui Barbosa, Rio de Janeiro, Batista Pereira discursou sobre *O Brasil e o Anti-Semitismo,* protestando corajosamente contra o nazismo, contra a perseguição aos judeus e a extinção da igualdade civil[30].

A partir dessas persuasões "científicas" e "teológicas", os alemães, os franceses e toda a Europa – e até mesmo os brasileiros – passaram a estigmatizar todos os estrangeiros[31], especialmente os judeus, que já eram desde os primórdios dos tempos considerados os "bodes-expiatórios" dos desastres humanos. Nasce, assim, o anti-semitismo moderno, biológico e racial e, com ele, toda uma *patologia racial moderna*.

Hannah Arendt, em seus estudos sobre o totalitarismo, já argumentou que o anti-semitismo moderno, nascido após a emancipação dos judeus da Europa, e o imperialismo europeu, que condenou os povos colonizados à exploração e a sua dominação política, são ambos justificados e teorizados pelas doutrinas racistas. O anti-semitismo moderno transformou os judeus emancipados em párias sociais, vítimas de preconceito tanto racial, quanto cultural, por lhes tirar finalmente os direitos civis e lhes transformar em apátridas, uma categoria de indivíduos que escapa totalmente à proteção da lei. O racismo, tanto no que se refere aos judeus, quanto aos povos colonizados, e a crise

29. M. L. T. Carneiro, op. cit., p. 262.

30. Idem, p. 54-55. A este respeito, Maria Luiza Tucci Carneiro discorre amplamente em seu livro.

31. A revista *Shalom Análise*, sobre o Holocausto, janeiro de 1979, publicou uma matéria sobre *fundamentos ideológicos,* revelando documentos inéditos sobre as políticas que visavam submeter a estados inferiores grupos étnicos e nacionalidades. Assim, o programa nazista do Blut und Boden, nas palavras do governador geral da Polônia, Hans Krank, declarava a seus chefes de distrito, a 15 de fevereiro de 1940, em Cracóvia: "O destino decidiu que nós só podemos ser os senhores; os poloneses são nossos inferiores, submetidos à nossa proteção [...] É-nos impossível conceder aos poloneses o nível de vida alemão; uma diferença deve existir entre o nível de vida da raça dos senhores e o dos seres que lhes são inferiores... Os poloneses devem dar-se conta dos limites fixados ao seu desenvolvimento. Em resposta a uma pergunta precisa, o Führer, uma vez mais, confirmou a necessidade de aplicar os limites fixados. Nenhum polonês ocupará função mais elevada que a de contramestre. Nenhum polonês terá a disponibilidade de adquirir instrução superior às custas do Estado; exijo que esta linha de demarcação seja estritamente observada [...] Não estamos interessados na prosperidade deste país", p. 22.

66 AS NAZI-TATUAGENS: INSCRIÇÕES OU INJÚRIAS NO CORPO HUMANO?

dos Estados-nações[32] criaram um vasto número de apátridas sem território e amparo político-social[33].

A construção do Estado-nação moderno e saudável previa, assim, a eliminação dos doentes – físicos ou psíquicos –, dos estrangeiros e, ao longo dos anos, dos judeus, que eram considerados uma categoria racial e religiosamente excluída. Como a eliminação simples e rápida dos indesejáveis era impossível, constrói-se, então, ao longo de dezenas de anos, formas simbólicas de estigmatizá-los, sendo a mais radical delas a tatuagem nos campos nazistas.

A BUROCRATIZAÇÃO DA ESTIGMATIZAÇÃO

Se, como vimos acima, o anti-semitismo biológico, racial e teológico foi convencionado pela soberania do estado e atingiu proporções de cidadania e exclusão social, as políticas administrativas, quanto aos registros de nacionalidade, significaram o controle dessa cidadania e a conseqüente exclusão dos não etnicamente ou religiosamente enquadrados nos padrões pré-determinados por essas pesquisas.

A título de exemplificação dessa burocratização étnico-racial desenvolvida nos países europeus, cito aqui alguns procedimentos da polícia francesa, país que sob o regime de Vichy colaborou abertamente com o regime nazista[34] e elaborou, desde a formação da Terceira

---

32. Os Estados-nações modernos surgem com a conseqüência das bruscas alterações das condições políticas do continente europeu logo após a Revolução Francesa. Segundo Hannah Arendt, as transações comerciais dos Estados-nações exigiam muito capital de crédito, só disponível a partir de fortunas combinadas de judeus. Nessa época foi concedida aos judeus a emancipação em todos os Estados-nações, exceto naqueles países em que os judeus, devido ao seu elevado número e atraso social (como na Rússia e na Polônia), não conseguiram organizar-se como grupo especial e apoiar financeiramente o governo. A partir de meados do século XIX, os judeus mantiveram posições de destaque porque ainda desempenhavam papel importante, intimamente ligado à participação nos destinos do Estado. Sem território e sem governo próprios, os judeus constituíam elemento inter-europeu; e o Estado-nação necessariamente conserva-lhes essa condição, porque dela dependiam os serviços financeiros prestados por judeus. Assim, ainda segundo Arendt, foi a partir da precariedade do Estado-nação que resultou uma lei peculiar que regulava a admissão dos judeus na sociedade. Por 150 anos, isto é, da Revolução Francesa até a Segunda Guerra Mundial, "os judeus viveram entre os povos da Europa ocidental e não apenas à margem deles. [...] A sociedade, confrontada com a igualdade política, econômica e legal dos judeus, deixou claro que nenhuma de suas classes estava preparada para acolhê-los dentro dos preceitos de igualdade social", diz H. Arendt, em *Origens do Totalitarismo*, p. 78.

33. Apud E. Traverso, op. cit., p. 84.

34. O historiador Gérard Noiriel, na introdução de seu livro *Les origines républicanes de Vichy*, esclarece que nas décadas seguintes à guerra, os gaulistas impuseram a idéia de que o governo de Vichy não havia sido mais do que um parênteses na

República, um dos mais sofisticados sistemas de controle de registro civil, que serve até hoje de modelo para muitos países do ocidente. Segundo Noiriel, as leis de cidadania francesa do regime de Vichy, aplicadas com o objetivo de discriminar os judeus, não nasceram no regime de Vichy, mas já haviam sido criadas e amplamente discutidas desde os primeiros anos da República, nos anos das *Luzes* (1791), quando começa a definição do que deve ser entendido por cidadão. Porém, a primeira categorização apoiava-se nos critérios de sexo, filiação, lugar e data de nascimento. Mas para que esse processo de categorização jurídica pudesse ser efetivado, respeitando os princípios de igualdade e de justiça em que se apoiava o novo regime, era preciso partir de provas escritas indiscutíveis. O principal meio disponível da administração republicana de estabelecer essas provas foi o registro paroquial gerado pelas cúrias desde o século XVI. A finalidade primeira desse registro não era a de estabelecer o estado civil do indivíduo, mas sua filiação à comunidade católica. Assim, os judeus e protestantes não constavam desses registros. Nesse contexto, ao longo de trinta anos surge uma indústria de falsificação de documentos de identidade. Com a finalidade de combater essas fraudes, Napoleão I promulgou uma lei que obrigava os cidadãos a fixarem seu nome de família, e toda modificação deveria ser subordinada a uma autorização oficial. O decreto de 1808 impõe essa condição para obrigar a comunidade judaica a abandonar seus velhos hábitos. Dessa data em diante, a cidadania é obrigatória, e todos os judeus deveriam adotar um nome fixo que os oficiais do estado civil lhes ordenavam nos registros abertos especialmente para essa ocasião. Este nome deveria ser transmitido a seus filhos segundo as regras do código civil. Esses registros de longa duração deram a possibilidade ao poder do estado de identificar muito precisamente os cidadãos e de lhes impor normas cada vez mais difíceis de escapar. Exemplo fascinante, enfatiza Noiriel, que teve o passado no presente, pois é exatamente essa lei que, um século e meio depois de sua adoção, será um dos principais truques nas lutas de identificação no governo de Vichy[35].

Além desse registro de identidade pelo nome de família, fixado pelos oficiais de estado civil, outro código de identificação promulga-

história da França, em conseqüência da ocupação alemã. Mas a partir dos anos de 1970, com as pesquisas de Robert Paxton, a pesquisa histórica revê esse período e admite que a política de Vichy, longe de ter sido dirigida pelas autoridades alemãs, obedeceu a uma lógica propriamente francesa. Essa nova leitura da história, adverte Noiriel, foi publicamente oficializada em julho de 1995, no discurso do presidente recém-eleito Jacques Chirac, quando das comemorações do 53º aniversário da rebelião de Vel'd'Hiv. Nessa ocasião, completa Noiriel: "Chirac reconheceu que a França havia colaborado na deportação dos judeus", op. cit., p. 42.

35. Idem, p. 187.

68   AS NAZI-TATUAGENS: INSCRIÇÕES OU INJÚRIAS NO CORPO HUMANO?

do durante a Terceira República, e que muito auxiliou o estado de Vichy na captura dos judeus, merece aqui nossa atenção. Relata Noiriel que, com o objetivo de identificar os criminosos reincidentes, que muitas vezes acabavam adquirindo uma nova identidade por meio da falsificação de documentos, Alphonse Bertillon imaginou um novo processo de identificação a partir do exame físico: a medida e a classificação das particularidades físicas dos criminosos. A esses dados, logo foram acrescentadas fotos e impressões digitais. Essa inovação identitária logo se propagou no mundo inteiro. A princípio só exigida aos criminosos, essa medida logo foi estendida ao registro dos militantes revolucionários e dos estrangeiros. Estes últimos, à diferença dos criminosos, não são considerados na Terceira República como inimigos da sociedade, mas não têm os mesmos direitos do cidadão francês. Em primeiro lugar, eles não podem morar no território francês sem a autorização do Ministério do Interior, e essa autorização pode ser suprimida se os representantes do estado considerarem que tal ou tal estrangeiro é indesejável. A partir da obrigatoriedade desses registros, o estado, estupefato, constata o elevadíssimo número de estrangeiros vivendo na França. Uma lei de 1893 obriga todos os estrangeiros residentes na França a se registrarem na comunidade em que residem. Por ocasião desse registro, o comissariado de polícia dava-lhes um recibo que deveria ser mostrado sempre que solicitado pela polícia. Durante a Primeira Guerra Mundial, esse documento transformou-se na carta de identidade. A partir de 1917, nesta carta de identidade dos estrangeiros deveria constar seu direito de residir na França, fixando o tempo desse direito, o lugar da habitação, o setor profissional e onde seu portador é autorizado a trabalhar. Pela primeira vez, a polícia francesa dispõe de um instrumento de identificação, sob o nome de "fichário central de carta de identidade", para uma categoria de indivíduos que não cometeram nenhum delito. Completa Noiriel:

se os nazistas ficaram maravilhados pela competência dos policias franceses em matéria de fichamento dos judeus foi por este ser o resultado de um século e meio de experimentação. [...] Contrariamente ao que é seguidamente afirmado, a identificação dos judeus não foi completamente inventada pelo governo de Vichy[36].

No fim dos anos de 1930, quando a polícia começou a utilizar os processos datilografados para identificar estrangeiros, os refugiados alemães e austríacos – quando judeus – eram obrigados a informar à polícia que eles eram de origem judaica e até que ponto o eram. Mas o direito a uma carta de identidade francesa agrava-se em 1933, quando a Alemanha resolveu livrar-se dos judeus. Nessa ocasião, com o elevado número de imigrantes judeus da Alemanha, as autoridades de regis-

36. Idem, p. 205.

MAS "O QUE ÉRAMOS?"   69

tro civil depararam-se com um problema de imigração incontornável. Aconselhados por René Martinal, fundador da Escola de Antropologia, em Paris, os registros civis passaram a ser acompanhados do exame de grupo sangüíneo; segundo Martinal, "todos os B e AB são asiáticos ou asiatizados"[37]. Acintosamente, o estado é dirigido pela ciência.

Nessa mesma época, por decisão do novo regime, as questões de naturalização foram revistas e os estrangeiros expulsos das funções públicas, médicas, farmacêuticas e dentárias. Em 1941, já sob ordens nazistas, uma circular alemã especifica que daquela data em diante as cartas de identidade de todos os judeus estrangeiros deveriam ser particularmente reconhecíveis, escrevendo-se em vermelho um "J" sobre a ficha de identidade.

Desta forma, aos procedimentos de identidade legal, outras práticas de identificação racial começam a aparecer. Essa marca discriminatória impressa na carta identitária dos judeus dificultava enormemente a emigração mesmo para fora da Europa, como veremos mais adiante. Mas não só na carta, no papel, que o judeu deveria estar sempre de posse, mas sob o pretexto de ordens alemãs, essas práticas de identificação racial são impostas também na roupa, na aparência física da pessoa.

AS ESTIGMATIZAÇÕES NAZISTAS

Logo após a promulgação das leis de Nuremberg, as quais, como já mencionei acima, proibiam terminantemente o cruzamento das raças no estado alemão, alegando que o sangue eslavo ou judeu era um veneno para os alemães, o ingresso às academias da SS passou a exigir uma descrição da árvore genealógica do candidato, retroativa a 1750. Para provar a veracidade desse "documento", foi criado um "Departamento de Raça e Colonização" (Rusha) subordinado a Walter Darré, que, com o objetivo de formar uma elite de líderes alemães, chegou a desenvolver uma ciência sobre o cruzamento dos SS[38]. Esse controle impedia definitivamente o ingresso dos judeus ou descendentes no exército alemão. Ben Abraham lembra, em seu livro *Holocausto*, que, anteriormente a essas medidas, muitos judeus ocupavam altas patentes no exército alemão e quase 12 mil foram condecorados por bravura com a Cruz de Ferro (Eiserner Kreuz). Desarmados, os judeus logo foram eliminados também da vida pública. Não podiam mais exercer função pública e perderam seus direitos constitucionais. Vítimas de um preconceito racial, os judeus eram anulados enquanto sujeitos sociais pela simples razão de terem nascido judeus. Já sem voz ativa no

37. Idem, p. 214.
38. Idem, p. 15.

70 AS NAZI-TATUAGENS: INSCRIÇÕES OU INJÚRIAS NO CORPO HUMANO?

Congresso, os judeus receberam severas sanções comercias, a principal delas foi o congelamento de suas contas bancárias. Essas medidas governamentais impostas aos judeus receberam o apoio da população, que passou a pichar os estabelecimentos comerciais dos judeus. Essas privações comercias apoiavam-se nas teorias marxistas, já divulgadas desde 1843. Marx, filho de um judeu convertido ao luteranismo, batizado e criado nessa religião, pronunciou-se diversas vezes contra o povo judeu. Excluindo a definição religiosa do judeu ortodóxico, ele define o judeu, no plano profano, como culpado da perversão econômica desta sociedade e sugere sua eliminação como solução para a emancipação socioeconômica da sociedade. Escreveu Marx: "Qual é o fundo profano do judaísmo? A necessidade prática, a utilidade pessoal. Qual é o culto profano do judeu? O dinheiro. E, daí! Emancipando-se do tráfico e do dinheiro, por conseqüência do judaísmo real e prático, a época atual se emancipará ela mesma"[39].

Porém, se Marx como cientista político-econômico assim se pronunciava, também o grande músico alemão contemporâneo de Marx, Richard Wagner (1815-1885), que com seu talento artístico exercia grande influência ideológica sobre a população, também emitia opiniões radicais anti-semitas, considerando os judeus como "inimigos natos" da humanidade e de tudo que é nobre. "Wagner descreveu o judeu como sendo de uma superioridade maléfica, atribuindo-lhes a invenção do papel-moeda, o qual denominou de 'máquina diabólica' "[40].

Marx e Wagner, ao culpar os judeus pelos infortúnios econômicos das sociedades capitalistas, plantaram uma das primeiras raízes do anti-semitismo moderno. Percebemos, assim, que as sanções comerciais impostas aos judeus, nos anos de 1930, estavam enquadradas num projeto maior e de longa duração, que o antigo regime imperialista havia começado a disseminar entre a população já no século anterior (XIX).

Aqui é importante salientar que esse pensamento encontrou um terreno fértil especialmente nos anos entre-guerras, com grave depressão econômica. Durante esse período era permitido ao judeu emigrar para qualquer país. Mas o problema era onde encontrar esse asilo. Os Estados Unidos haviam fechado suas fronteiras logo no final da Primeira Guerra Mundial, e com a grave crise econômica dos anos de 1930, essa situação só se agravou. Na Europa era também evidente a crise econômica e todos os países passaram a adotar procedimentos de restrições quanto à imigração. No Brasil, o predomínio dos conceitos de "eugenia da raça", por essa época, vai extrapolar os limites do discurso acadêmico e começa a servir para animar "calorosos debates na

39. Apud C. Franck e M. Heszlikowicz, *Le Sionisme*, p. 94. Em nota de rodapé, os autores do livro explicam que esse trecho do livro *O Capital*, t. I, cap. IV foi suprimido nas edições seguintes à morte de Marx, e substituído por um trecho insípido.
40. L. Poliakov, *De Voltaire a Wagner*, apud M. L. T. Carneiro, op. cit., p. 23.

MAS "O QUE ÉRAMOS?"   71

Câmara Federal, quando da elaboração das Emendas para a Constituição de 1934". Miguel Couto, liderando um grupo de parlamentares, "defendia, por meio da emenda n. 1.164, uma *orientação branca, cristã e nacional* à nossa imigração, visando atender aos três sentidos: racial, religioso e social"[41].

Em 1939, o lugar de acolhimento dos judeus era a maior cidade da China, Shangai. No começo da guerra, os alemães começaram a procurar um lugar para onde enviar os judeus[42]. Primeiramente foi pensado Madagascar, que na época era uma colônia francesa. Mas isso dependia de um acordo assinado com a França, o que não aconteceu. Se esse acordo tivesse vingado, relata Wieviorka, a idéia dos alemães era enviar cerca de 4 milhões de judeus acompanhados pelos SS para essa ilha. Com a invasão da Polônia, em 1939, começaram a aparecer os guetos – o de Varsóvia, o mais conhecido – e, depois, os campos de concentração, sendo que Auschwitz foi o mais importante deles. A partir de 1941, completa Wieviorka, foi proibido aos judeus deixar o grande Reich[43].

Com os estabelecimentos comerciais reprimidos pelas pichações, sem dinheiro, propriedades, identidade e nacionalidade, os alemães forçavam os judeus a emigrar. Mas o problema era para onde emigrar[44], pois, como esclarece Tucci Carneiro, "este judeu, na situação a que ficou exposto (desprovido de bens, direitos e profissão) não interessava aos países receptores"[45].

Aos saques de seus estabelecimentos comerciais, seguem-se diversos *pogrons*. O maior deles aconteceu nos dias 10 e 11 de novembro de 1938, logo após a notícia do assassinato de um secretário da

41. Idem, p. 61.
42. Aqui saliento que essa discussão remonta a uma data antiga e talvez até perdida na historiografia oficial. Já Napoleão Bonaparte, em 1799, visualizava uma terra para os judeus. A declaração de Balfour, 1917, solicita o direito de terras da Palestina para os judeus. Toda essa querela pode ser resumida no que ficou conhecido como o sionismo, movimento fundado por Théodore Herzl, (1860-1904), que considerava ser a única solução para o problema judaico o retorno do povo a Sion. Cf. C. Franck e M. Herszlikowicz, op. cit.
43. A. Wieviorka, *Auschwitz expliqué à ma fille*, p. 32.
44. Segundo relato de Robert H. Jackson, que participou como procurador geral dos EUA, no processo de Nurenberg, "a perseguição contra os judeus foi uma política contínua e deliberada. Ela foi dirigida contra outras nações, do mesmo modo que contra os judeus. O anti-semitismo estava organizado de maneira a dividir e irritar as democracias e abrandar sua resistência à agressão nazista". Continua a nota: "Como Robert Ley declarou, em *Der Angriff*, em 14 de maio de 1944, 'O segundo exército alemão é o anti-semitismo, pois se ele for constantemente empregado pela Alemanha, tornar-se-á um problema mundial que todas as nações serão obrigadas a levar em conta'". Trecho do discurso pronunciado em 21 de novembro de 1945 e publicado na revista *Shalom Análise*, p. 28.
45. M. L. T. Carneiro, op. cit., p. 20.

72   AS NAZI-TATUAGENS: INSCRIÇÕES OU INJÚRIAS NO CORPO HUMANO?

embaixada alemã em Paris, atribuído a um judeu revoltado com as perseguições alemãs. Esse massacre, que ficou conhecido como Kristallnacht, apoiava-se numa ordem[46] do chefe da Brigada Nacional e destruiu por incêndio ou explosão cinqüenta sinagogas na Alemanha[47]. Também a Polônia mostrava-se extremamente anti-semita. Conta Bella Herson que nas escolas os judeus tinham que se sentar do lado esquerdo e no fundo da sala. A eles só era permitido responder alguma questão quando o resto da classe não sabia. Neste caso a professora dizia: "Vamos ver se as judiazinhas sabem", "e elas sempre sabiam", completa Bella Herson. Mas não só na Polônia havia restrições aos judeus estudarem. O depoimento de Sara Forminko n. A-11224B confirma discriminação semelhante no império austro-húngaro, nos anos anteriores à guerra, quando os judeus só podiam freqüentar até a quinta série[48].

Segundo Hannah Arendt, o moderno anti-semitismo dos países da Europa central e ocidental predominou nas causas políticas e não-econômicas, enquanto que na Polônia e Romênia foram também causas econômicas resultantes da incapacidade dos governos de resolver as questões de terra que deram origem às hostilidades. Os judeus desses países eram numerosos e mal orientados,

não podiam, não sabiam ou não queriam evoluir segundo o modelo capitalista industrial, de modo que o resultado final de suas atividades era uma organização de consumo dispersa e ineficaz, carente de sistema adequado de produção. As posições judaicas criavam obstáculos ao desenvolvimento capitalista. [...] A única tentativa séria dos governos foi a liquidação econômica dos judeus – em parte como concessão à opinião pública, e em parte porque os judeus realmente ainda representavam um elemento que sobreviveu à antiga ordem feudal. Durante séculos, haviam sido intermediários entre a nobreza e os camponeses; agora constituíam uma classe média que não exercia suas funções produtivas, dificultando assim a industrialização e a capitalização[49].

Mas não só por meio da destruição de seus valores materiais, intelectuais e religiosos os judeus foram gradativamente sendo eliminados. Logo apareceram também estigmatizações impostas à aparência pessoal e até diretamente ao corpo. Um decreto de 15 de novem-

46. "AS do NSDAP Brigada 50 (Starkenburg) Departamento F. n. de classificação 4.309 ao Grupo AS Kurpfalz: 'Por ordem do chefe do grupo, as cinqüenta sinagogas da área de sua brigada devem ser destruídas por explosão ou incendiadas. As casas vizinhas habitadas por arianos não devem sofrer qualquer dano. A ação deve ser executada à paisana. Devem impedir-se as manifestações e as pilhagens. Relatório de execução da ordem a enviar até às 8:30 horas ao chefe da Brigada ou ao serviço de permanência'", B. Abraham, op. cit., p. 27.

47. A destruição das sinagogas representa um crime contra os indivíduos no presente e também contra toda a civilização judaica do passado e, especialmente, do futuro.

48. Entrevista realizada em São Paulo, outubro 2004.

49. H. Arendt, op. cit., p. 49.

MAS "O QUE ÉRAMOS?" 73

bro de 1935 impunha aos judeus com mais de seis anos de idade o uso obrigatório de uma estrela de David amarela, com a inicial "J" centralizada em preto. Algumas em forma de braçadeiras, outras sobre o peito, em forma de broche. As humilhações físicas também impunham o corte da barba e do cabelo dos judeus religiosos; em alguns casos, uma estrela de David ou uma suástica era marcada a ferro quente na testa do judeu[50].

Muitas dessas práticas foram, por ordens alemãs, impostas aos países colaboracionistas. Por exemplo, as leis de Nuremberg foram impostas à Itália por Mussolini, em 1938, e à Áustria, após sua anexação ao III Reich[51]. Além disso, Noiriel conta que, em 1941, uma circular alemã endereçada à França determinava algumas medidas discriminatórias aos judeus. Além de um "J" vermelho nas cartas de identidade dos judeus, fato já citado neste trabalho, passava a ser obrigatório o porte da estrela amarela por todos os judeus da França, Bélgica e Países Baixos. Essa medida muito indignou a maioria da população, que a via como um retrocesso às formas de estigmatização existentes no Antigo Regime, anterior à Revolução Francesa, quando os criminosos eram marcados a ferro quente. Essa medida mostra bem que os nazistas apoiavam-se em formas arcaicas de estigmatização. Assim como na Idade Média, o porte da estrela amarela permitia saber, a olho nu, quem era judeu e quem não era, comenta Noiriel. E completa:

o fato de que muitos se negaram a portar esse distintivo serviu de pretexto para muitas arrestações. Muitos judeus foram levados para o campo de Drancy por estarem desprovidos da estrela. Por outro lado, os heróis judeus da Primeira Guerra Mundial faziam questão de a portar, mas sempre ao lado das condecorações militares, dando assim a perceber o escândalo que constituía o fato de humilhar os judeus franceses que haviam combatido pela França[52].

50. B. Abraham, op. cit., p. 56-57. A esse respeito, Maria Luiza Tucci Carneiro lembra: "Verificamos ao nível da mentalidade coletiva uma impressionante regressão: volta-se à Idade Média. É interessante observarmos que a *estrela* e a *cor amarela*, signos empregados para identificar o judeu na Alemanha nacional-socialista, atravessaram o tempo e o espaço. No mundo dos signos, o objetivo se manteve: inferiorizar, denegrir, colocando o judeu num plano inferior perante a sociedade. Apenas *en passant* queremos lembrar que essas 'marcas' estigmatizantes já existiam na Idade Média. No período em que Sancho II (1223-1248) governa Portugal, o papa Gregório IX expediu uma bula na qual obrigava os judeus a usarem distintivos especiais, diferenciando-os dos cristãos. Esse dispositivo foi reafirmado durante o reinado de D. Afonso IV (1325-1357) por meio de leis, segundo as quais os judeus deveriam usar publicamente uma estrela hexagonal amarela, colocada no chapéu ou no capote", op. cit., pp. 147-148.

51. E. Traverso, op. cit., p. 168.

52. G. Noiriel, op. cit, p. 208. Os *pogrons* nazistas não se restringiam aos judeus da Europa, mas do mundo inteiro. Em 7 de maio de 1942, o jornal *der*

74 AS NAZI-TATUAGENS: INSCRIÇÕES OU INJÚRIAS NO CORPO HUMANO?

Mas essas medidas identitárias discriminatórias não se ativeram só aos países da Europa; atravessaram o oceano e desembarcaram aqui no Brasil nos anos de 1930 e 1940, durante o regime Vargas, presidente sabidamente simpatizante de Hitler. Maria Luiza Tucci Carneiro, em *O Anti-Semitismo na Era Vargas*, conta que o passageiro Max Hecht, procedente de Gênova, "fora identificado pelo inspetor de imigração como *alemão e israelita*. Razão deste alerta: o *J vermelho* aposto ao seu passaporte, visto como sinônimo de israelita, 'apesar da anotação católico'. Diante desta irregularidade solicita-se *providências*"[53]. Completa Tucci Carneiro, nas palavras de Alfredo Gartemberg[54]: "Bastava que a primeira página do passaporte mostrasse o 'J' vermelho para que o itinerário do infeliz fosse mudado completamente".

Esse não é obviamente um caso isolado. Além desse caso, Tucci Carneiro cita vários outros. Por exemplo, "o judeu Max Marx se gabava de conseguir ingressar no país como católico, mas que tinha receio de ser descoberto por conterem os passaportes a *letra J vermelho*. Frente a isso, propusera-se a pagar 2:000$000 pelo desembarque 'facilitado' de toda a família. Se o dinheiro foi ou não aceito", continua Tucci Carneiro, "não temos conhecimento. Sabemos que a marca 'J', razão de impedimento para o imigrante, não passou desapercebida às nossas autoridades, que viam nessa 'marca' um alerta de perigo"[55].

Apoiados nas ideologias européias da eugenia, com forte influência nas idéias nazistas e nas desculpas de uma possível saturação de mercado de trabalho, o governo brasileiro passou a criar leis restritivas quanto à concessão de vistos de entrada e, especialmente, de permanência para os judeus.

Nesta perspectiva, segundo Tucci Carneiro, "a entrada de imigrantes veio a ser regulamentada pelos decretos n. 24.215 e n. 24.258, de 16 de maio de 1934, culminando com o art. 121, 6º da Constituição de 16 de julho de 1934, criando o *regime de quotas* para a imigração, revigorado pelo art. 151 da Constituição de 10 de novembro de 1937. Este regime se prestou após 1937, quando entraram em vigor as circu-

---

Stürmer proclamou: "Não se trata apenas de um problema europeu; a questão judaica é uma questão mundial [...] será difícil resolver a questão judaica na Europa, enquanto houver judeus no resto do mundo", pronunciamento de Robert H. Jackson, "Crimes Contra os Judeus", ver *Shalom Análise*, p. 74.

53. Essa informação, Maria Luiza Tucci Carneiro registra a partir do "Ofício de Francisco de Maria Brandão, diretor geral do Departamento Nacional de Povoamento, para Carlos de Ouro Preto, secretário geral do Ministério das Relações Exteriores. Rio de Janeiro. 11.1.1939. Em *DNP*, Ofícios recebidos, diversos do Interior, 1938-1940. AHI". Tucci Carneiro adverte que esse não é um caso isolado. As conseqüências de um *J* infamante deu origem ao romance de A. Gartemberg, *O J Vermelho*, p. 149.

54. Alfredo Gartemberg é autor do livro *O J Vermelho*, 1976.

55. M. L. T. Carneiro, op. cit., p. 148.

MAS "O QUE ÉRAMOS?"   75

lares secretas, como fachada para ocultar a política anti-semita susten-
tada até 1948"[56].

Este período foi marcado por muitas circulares secretas, que acabavam obedecendo aos caprichos de diplomatas brasileiros, muitos
deles ocupando cargos em consulados nos países de forte predomínio
anti-semita, espalhados na Europa no entreguerras[57]. Segundo Tucci
Carneiro, "através de seus relatórios políticos as Missões Diplomáti-
cas Brasileiras pressionavam o governo a tomar atitudes radicais contra os judeus. A nossa Legação na Polônia alertou, em 1937, para o
perigo que oferecia para o Brasil *uma invasão, ainda que disfarçada,
desses elementos hebraicos,* lembrando que eles dominavam a maior
parte do *comércio polonês*"[58].

Nesse clima, mas não podendo burlar abertamente a lei de quotas
imigratória, a exemplo de uma lei americana, o ministro Mário de
Pimentel Brandão expediu, em 1937, a circular secreta n. 1.127 que
passaria a regulamentar a concessão de vistos nos passaportes dos judeus interessados em imigrar para o Brasil. Segundo Tucci Carneiro,
"as intenções anti-semitas estavam concentradas no item C, específico
sobre a entrada de semitas no Brasil:

> Fica recusado visto no passaporte a toda pessoa de que se saiba, ou por declara-
> ção própria (folha de identidade), ou qualquer outro meio de informação seguro, que é
> de *origem étnica semítica.* No caso de haver apenas "*suspeitas*", recomenda-se às au-
> toridades "retardar a concessão do visto, até que pelos meios de investigação eficientes
> [...] consigam esclarecer a dúvida e chegar a uma decisão final[59].

E ainda segundo Tucci Carneiro, "para a pessoa que firmou ter
outra origem que não a 'semita' e que declarou como religião profes-
sada o catolicismo ou qualquer outra religião que exigisse batismo[60], a

56. Idem, ibidem, p. 106.
57. Essas circulares secretas tinham por objetivo proteger o governo brasileiro de expor publicamente sua simpatia ao regime nazista, aparentemente comba-
tida nos Estados Unidos, por exemplo. O telegrama de Oswaldo Aranha, que na
época se encontrava na embaixada do Brasil em Washington, para a Secretaria de
Estado das Relações Exteriores, a respeito da circular 1.127, revela este receio.
Diz o telegrama: "As cias de navegação naturalmente não deixarão de espalhar a
notícia, que *só nos pode ser prejudicial* neste momento, dado o argumento favo-
rável à campanha de que *nós estamos ligados à política alemã,* aqui tão combati-
da". Apud M. L. T. Carneiro, idem, p. 119. Nota: grifos da autora.
58. Relatório do Mês Político n. 4, 1938, p. 4, Legação de Varsóvia, em *MDB,
Ofícios Recebidos,* out. 1936 a 1937, AHI. Idem, p. 111.
59. Apud M. L. T. Carneiro, op. cit., p. 115. Ressalto aqui o já mencionado
no parágrafo acima: esses Decretos e Circulares secretos vigoraram até 1948, isto
é, três anos após o fim da guerra e ano da criação do Estado de Israel. Os judeus que
para cá tentaram imigrar na saída dos campos depararam-se com as mesmas leis.
60. Aqui é interessante observarmos que o anti-semitismo desse período não
era especificamente de inspiração religiosa, proveniente do antagonismo de duas

76 AS NAZI-TATUAGENS: INSCRIÇÕES OU INJÚRIAS NO CORPO HUMANO?

circular estipulava, para esclarecimento de dúvidas, que fosse exibida certidão"[61].

De 1937 em diante, as embaixadas e consulados brasileiros passaram a receber uma circular expedida pela polícia civil do Rio de Janeiro, que nomeava as pessoas passíveis de receber vistos de entrada, mas com a ressalva *destes não serem israelitas*[62].

Depreende-se dessas humilhações que os judeus já eram simbolicamente eliminados bem antes dos campos de concentração, e as fronteiras das segregações já estavam traçadas até mesmo aqui entre nós, no Brasil. Por assim dizer, o homem desumanizado, que para muitos autores surgiu como figura nova na história da humanidade com os campos de concentração, na verdade já habitava as ruas das grandes cidades civilizadas desde as décadas de 1930. Em outras palavras, o campo foi a prática desses procedimentos de exclusão social, religiosa e humana levada às últimas conseqüências, isto é, ao genocídio.

O ANTI-SEMITISMO NO LESTE EUROPEU E BLOCO SOVIÉTICO

O terceiro pólo de forte anti-semitismo encontrava-se nos países do Leste europeu e no bloco soviético. A revolução russa de 1917 apoiou-se diretamente na aplicação das teorias marxistas que eram, como já mencionei anteriormente, completamente hostis ao judaísmo. Entretanto, Lênin adotou atitudes menos severas que as de Marx. Em suas *Notas Críticas sobre a Questão Nacional*[63], redigida em 1913, ele preconiza uma dejudaização "mais doce", que exclui o emprego de medidas coercitivas. Todavia, seus sucessores posicionaram-se bem mais radicais. A partir de 1926, Stalin retoma o velho instinto anti-judeu do povo como apoio para expulsar Trotski e os trotskistas da URSS. A situação agravou-se mesmo em 1936, quando muitos processos foram abertos contra os judeus. Essa crise anti-semita não estava restrita às

crenças em conflito – cristianismo e judaísmo –, mas sim um anti-semitismo de ideologia secular, político-racial. A hostilidade aos judeus deste período deve-se à lei que os emancipou logo após a Revolução Francesa. Entretanto, a exemplo da era medieval e mesmo antes, quando judeus e cristãos desafiavam o poder do império romano, o batismo já era oferecido aos judeus como alternativa para se livrarem das perseguições, mesmo se a causa da violência fosse política e econômica, e não religiosa. H. Arendt, op. cit., pp. 17-18-20.

61. M. L. T. Carneiro, op. cit., p. 115.

62. Idem, p. 117. A esse respeito, Sara Forminko, Bella Herson e Gerber KL, em entrevista concedida a mim, relatam suas dificuldades ao emigrar para o Brasil em 1945, pois o governo brasileiro exigia a certidão de batismo na documentação para obtenção do visto de entrada, ver p. 81-82.

63. S. Courtois, *The Black Book of Comunism, Crimes, Terror, Repression*, p. 243.

MAS "O QUE ÉRAMOS?" 77

fronteiras do Kremlin. Deslocou-se para a Polônia que, a partir de 1939, encerra muitos judeus em guetos[64] (Varsóvia, o maior deles), e depois para os campos nazistas, que os levam às câmaras de gás.

Além dessas regiões, muitas outras apresentavam forte anti-semitismo, particularmente na Ucrânia e regiões vizinhas, onde os judeus, durante o regime dos czars, haviam sido autorizados a morar. O anti-semitismo espalhava-se facilmente e a população apoiava as propagandas nazistas, considerando que os alemães estavam lutando "apenas" contra o comunismo e os judeus[65].

Também na Hungria a situação não era muito diferente. Em 1944, conta Irene Hajos n. 80957, "quando os alemães chegaram na minha vila natal para nos recolher aos campos, eles nos colocaram no meio da rua e dentro dos vagões dos trens com a polícia atrás de nós. Toda a população, dos dois lados da calçada, começou a aplaudir. Eles estavam felizes de se desembaraçar de seus judeus"[66].

Ao finalizar este capítulo, gostaria de insistir que todos os fatores acima mencionados não completam as preponderâncias que levaram ao genocídio dos judeus; uma análise mais detalhada certamente apontaria outros tantos fatores. Auschwitz, hoje amplamente revisado, não figura mais como um acidente de percurso, ainda que grave, do povo alemão dominado por um ditador único. Como constatamos, as pesquisas históricas começam a revelar outros "hitlers" escondidos em muitos gabinetes administrativos, e até mesmo nas ciências humanas e sociais. "A barbárie", diz Traverso, "não figura mais como uma antítese da civilização moderna, técnica e industrial, mas como sua face escondida, seu duplo diabólico"[67]. Contrariamente ao que Norbert Elias concebeu, em sua grande obra *O Processo Civilizatório*, continua Traverso, "a sociedade civil não foi, neste século, marcada por um

64. "O primeiro Gueto", explica Ben Abraham, "foi fundado em Veneza, no ano de 1577. O nome dado era 'Guetto', tal como se escreve em alemão. É provável que a palavra seja derivada do hebraico: 'guet' – que significa divórcio. Isto porque, muito antes, o concílio de Latrão, em 1925, na sua legislação, já proibia que judeus e cristãos vivessem juntos. No século XV, os frades começaram a exigir a segregação dos judeus, porém, somente em 1555, o Papa Paulo V ordenou que os judeus vivessem em quarteirões segregados. Esse decreto tornou-se lei em toda a Itália. A instituição do Gueto passou a ser comum em toda a Europa Central, principalmente na Alemanha, onde os judeus, nos diversos guetos, eram obrigados a usar uma insígnia de distinção, em forma de pano amarelo pregado nas vestes. Com a Revolução Francesa, os guetos foram abolidos na Europa". B. Abraham, op. cit., p. 60.

65. S. Courtois, op. cit., p. 243.

66. Quand les Allemands sont venus dans ma ville natale pour nous chercher, ils nous ont mis dans le milieu de la rue et nous ont mis dans les wagons et les polices et les gendarmes dernière nous et toute la population des deux côtés sur le trottoir, ils ont applaudi, ils étaient heureux, contents de se débarrasser de leurs Juifs. Entrevista realizada em Paris, outubro 1999.

67. E. Traverso, op. cit., p. 39.

78 AS NAZI-TATUAGENS: INSCRIÇÕES OU INJÚRIAS NO CORPO HUMANO?

avanço em senso único, de uma parte pela melhora dos costumes e, de outra, pela 'sociogênese do Estado', a saber, a extensão do direito e a monopolização da violência por um poder central"[68]. Em outras palavras, depois de Auschwitz, percebemos que "o processo civilizatório" e a criação do Estado-nação obedeceram a uma lógica irracional, mas já embrionada em muitos valores das filosofias iluministas, sendo a principal delas a idéia universal de Estado-nação, protegido pelo direito à cidadania concedida aos da mesma "raça". Nesse contexto, como já advertiu Adorno, "se os judeus foram eliminados, foi porque eles não podiam mais ser integrados na dinâmica do processo de civilização. [...] eles eram quase o único grupo humano a não possuir nem pátria e nem fronteiras, e sempre foram excluídos do poder"[69]. Por certo, todos esses acontecimentos representam tendências de longa duração que apareceram bem antes dos campos de concentração e que se prolongam bem após seu fim. Ademais, a origem do anti-semitismo remonta a tempos milenares e a espaços dispersos, e procede de divergências cristãs, muçulmanas, marxistas e outras. Conseqüentemente, o fim dos campos não representou o fim da problemática anti-semita. Infelizmente, encontramos seus ecos persistentes e renovados em outros espaços e tempos, inclusive no nosso[70].

68. Idem, p. 233.
69. Apud idem, p. 135.
Aqui lembro que também os ciganos enquadram-se nesta categoria de povo sem pátria e fronteira.
70. Em 16 de outubro de 2003, o Premiê malaio, Mahathir Mohamed, disse na Organização da Conferência Islâmica que "os mulçumanos deveriam se unir para combater a 'dominação dos judeus sobre o mundo'. [...] Para Mohamed, 'os mulçumanos não deveriam usar a violência para atingir esse objetivo'. [...] Para o premiê, os mulçumanos têm sido inábeis para responder ao que ele chama de 'dominação judaica sobre o mundo. [...] Os europeus mataram 6 milhões de um total de 12 milhões de judeus. Mas hoje os judeus governam o mundo por procuração. Eles têm outros para lutar e morrer por eles. [...] Nós estamos lutando contra um povo que pensa. Eles sobreviveram a 2 mil anos de *pogrons* sem revidar a ataques'. Para o premiê, os judeus inventaram o socialismo, o comunismo, os direitos humanos e a democracia". *Folha de S. Paulo*, 17 de outubro 2003, caderno A.

4. O Fim dos Campos: O Anti-semitismo Renovado

No dia 17 de maio de 1947 – dois anos depois do fim dos campos –, o jornal *Pravda* divulgou o pronunciamento do delegado russo Gromyko, a propósito da criação do Estado de Israel:

> Se falarmos, não nos escutarão – e se nos escutarem, não nos compreenderão.
>
> Primo Levi n. 174517

O fato de que nenhum país europeu ocidental esteve em condição de assumir a proteção dos direitos elementares do povo judeu, e de defendê-lo contra as violências dos gabinetes fascistas, explica a aspiração dos judeus a seu próprio Estado. A negação ao povo judeu deste direito não pode mais ser justificada, sobretudo levando em conta o que lhe aconteceu durante a Segunda Guerra Mundial[1].

O fim dos campos não significou o fim do anti-semitismo. O pronunciamento acima registra a posição sociopolítica dos judeus após o fim dos campos de concentração e seu conseqüente retorno aos países que os acolheram. Para os sobreviventes dos campos, marcados no corpo pela inscrição numérica nazista – ou suas iniciais –, a liberdade traduziu-se na continuidade da exclusão sociopolítica, agora escrita no corpo.

Henri Wolff n. 62571, ao falar de seu retorno, assim se expressa: "O retorno, para a maior parte dentre nós, foi como percorrer um calvário"[2].

---

1. C. Franck; M. Herszlikowicz, *Le Sionisme*, p. 96-97.
2. Le retour pour la plus part d'entre nous a été comme rentrer dans un calvaire. Entrevista realizada em Paris, janeiro 1999.

80   AS NAZI-TATUAGENS: INSCRIÇÕES OU INJÚRIAS NO CORPO HUMANO?

Esse calvário a que se refere Henri Wolff n. 62571 começou em 26 de janeiro de 1945, em pleno inverno europeu. Com a notícia do avanço das tropas soviéticas, as autoridades alemãs decidiram, às pressas, retirar o máximo possível de detentos dos campos. Para tanto, organizaram grandes pelotões em marcha, cerca de 60 mil pessoas, que foram conduzidas a pé durante três dias e três noites passando pela Polônia e Alemanha, de campo em campo, até o campo de Dachau, cidade alemã, onde os poucos sobreviventes foram amontoados em trens sem teto e seguiram até Paris, sem direito a qualquer tipo de víveres. Nesse percurso até os trens, quem parasse ou apresentasse sinais de fatiga ou doença, e não pudesse prosseguir, era imediatamente fuzilado pelos SS da escolta. Os deportados contam que marchavam amedrontados pelos estampidos dos tiros vindos de todos os lados. Essa "liberação" ficou conhecida pelo nome de "marcha da morte"[3], e é assim descrita por Raphael Esrail n. 173295:

Quando nós evacuamos o campo de Auschwitz, eu conheci condições horríveis, como muitos. Nós partimos um dia e nós caminhamos durante três dias e três noites. Havia muitos mortos. Nós fomos encerrados num vagão de trem e nós ficamos três dias e três noites sem comer e sem beber. Morrer de fome não é grave, mas morrer de sede é horrível. Eu vi a loucura das pessoas, é a loucura que acontece. Mais da metade morreram, 75% morreram. [...] Nós evacuamos o campo de Auschwitz exatamente no dia 26 de janeiro de 1945, e como nós tínhamos evacuado o campo, nós tínhamos na cabeça que os americanos e os russos apareceriam rapidamente[4].

Encontramos semelhante depoimento na fala de Sara Forminko n. A-11224B:

Eu estava em Auschwitz, mataram toda minha família, eu tinha oito irmãos, só sobrou um. Meu pai era religioso, era diretor de uma firma que exportava madeira. Auschwitz, a gente saiu em 5 de maio de 1945. A gente ficou andando, eu e mais quatro meninas, onde tinha feno, onde tinha vaca, a gente dormia. Nem sabíamos onde estávamos. A gente ficou caminhando na neve. Depois, a gente achou mais outros judeus, que também andavam. Não tinha mais polícia nas ruas. Nós chegamos à Varsóvia, eu estava muito doente, com malária. No hospital, não tinha lugar para todo mundo, a gente

3. O tempo de duração dessa "marcha da morte" não é bem preciso, alguns falam em três dias e três noites, outros dizem que o cansaço e o medo era tanto que não conseguem lembrar por quanto tempo esse horror durou.
4. "Quand on a evacué les camps d'Auswitz j'ai connu des conditions absolument épouvantables, comme beaucoup. On est parti un jour et on a marché pendant trois jours et trois nuits. Il y avait beaucoup de morts et après on est parti, on s'est casé dans les wagons et on est resté trois jours sans manger et sans boire. Mourir de faim ce n'est pas grave, mais mourir de soif, quand on meurt de soif c'est épouvantable, moi, j'ai vu la folie des gens, c'est la folie qui se passe. Plus de la moitié sont mort (75% sont morts). [...] On a évacué les camps d'Aushwitz exactement le 26 janvier 1945, et comme on avait évacué Aushwitz on avait dans la tête, on a pensé, que les américains et les russes allaient venir très vite". Entrevista realizada em Paris, março de 1999.

O FIM DOS CAMPOS: OS ANTI-SEMITISMO RENOVADO   81

tinha que ficar no chão. Depois, nós fomos para Budapeste, tinha muito judeu lá. Mas a gente era apátrida[5], não tinha pátria, não tinha papéis. Eu queria voltar para a Hungria, mas os russos estavam lá, eles eram muito violentos, os russos eram valentões, brigavam com todo mundo, e eram comunistas. Depois, eu fui para Itália, para Modena. Fiquei numa casa de refugiados. Onde estavam os militares. Eles deram vestido, um sapato, e uma sandália. Lá, conheci meu marido. Ele também vinha dos campos. Era polonês, ele era bem mais velho que eu. Os soldados mataram, na frente dele, a mulher e os filhos, lá na Polônia mesmo. Nós queríamos ficar na Itália, mas nós éramos apátridas. Não tínhamos papéis. Eles perguntavam onde tínhamos nascido e quando e daí davam papéis. Os italianos só deixaram ficar quem tinha 20 mil dólares. Nós não tínhamos nada, tiraram tudo de nós. Daí, a gente não podia ficar[6].

Mas se o percurso da saída dos campos até os centros de "civilização" representou a continuidade da desumanização hitleriana, a acolhida nesses centros sinalizou a continuidade da discriminação. Continua Sara Forminko n. A-11224B:

A Joint, você ouviu falar? Essa organização americana para os refugiados judeus. Eles é que pagaram assistência para gente vir para o Brasil. Mas o Getúlio não queria judeus aqui. Não deixavam entrar. Só quem tinha certidão de batismo. Eu tinha uma amiga, ela já morreu, ela e o marido vieram como cristãos. Eu nunca quis tirar papéis de cristã, eu vou morrer judia. São meus princípios. Muitos iam para a Bolívia, para a Argentina... Mas tinha uma lei americana que todo país era obrigado a deixar entrar 300 famílias, daí fizeram papéis para nós. Depois o Getúlio se matou... me lembro até hoje[7].

Mas nem todos foram "agraciados" pela lei das 300 famílias. Muitos tiveram que optar pelo batismo ou se dirigirem a outros países, como a Bolívia, como foi o caso dos irmãos Miguel e Moises Tenenholz KL e Gerber KL, já citados neste trabalho, que só se dirigiram ao Brasil após 1948, quando da extinção dessa lei. Entretanto, outros optaram pelo batismo, Bella Herson em entrevista concedida a mim em outubro de 2004 confirma em sua história as exigências do governo brasileiro quanto ao atestado de batismo na concessão do visto de entrada, em 1947. Diz Bella:

Meu marido se chamava Benjamim, estou viúva há 16 anos, ele era formado em Direito. Antes da guerra, ele era gerente da empresa Towarzystow Pólnocne em Gdynia, especializada em carregamentos marítimos. Ficou preso seis anos no Lager de Woldenberg Offlag como oficial judeu. No fim da guerra, foi convidado pelo governo provisório polonês da época para ir a Constanza, porto da Romênia, onde seria encarre-

5. Aqui é importante percebermos que o judeu pós-campo de concentração não ficou destituído apenas de pátria, mas de genealogia, de lar, de história familiar. Bella Herson, prepara um livro sob o título *Adota-se uma Vovó*. Também Renata Jesion, filha de Majer Jesion n. 143068, conta que, quando criança, achava estranho o fato de sua mãe ter uma enorme família, enquanto do lado do pai, nenhum parente era mencionado.

6. Entrevista realizada em São Paulo, outubro 2004.

7. Idem, ibidem.

82   AS NAZI-TATUAGENS: INSCRIÇÕES OU INJÚRIAS NO CORPO HUMANO?

gado de receber os transportes de navios que vinham com bens da Unra e depois despachá-los em trens para a Polônia. A ajuda americana do plano Marshal para os países vitimados pela guerra vinha da América do Norte para a Romênia, porque o porto polonês de Gdynia ainda estava em guerra.

Depois de meio ano trabalhando no porto de Constanza, Benjamim mandou buscar-me em Lodz para nos casarmos. Eu o havia conhecido em Lodz, logo no fim da guerra, quando retornei de Auschwitz.

Um dia Benjamin entregou uma carta para um marinheiro polonês que trabalhava num navio americano, pedindo que comunicasse ao seu primo, também Benjamin, seu endereço em Constanza. Não demorou muito e chegou uma carta do primo, informando que ele morava no Brasil, no Rio de Janeiro, e trabalhava numa firma de pedras semipreciosas. Na carta, perguntava se Benjamin gostaria de vir para o Brasil. Era o que ele queria. Todo mundo queria sair da Europa, não queríamos viver na Polônia comunista. O primo de Benjamin começou a providenciar nosso visto para o Brasil.

Graças à promessa, por escrito, de que um visto para o Brasil nos aguardava em Lion, pudemos entrar na França. Em Paris ficamos no hotel Home Pergolés, perto do Bois de Bologne. Lá morava todo mundo que sobreviveu, formando praticamente uma família. Ficamos lá aguardando a vaga no navio para o Brasil. Quando chegou a notícia da vaga, em janeiro de 1947, ficamos felizes. Benjamin foi sozinho ao consulado em Lion para tirar o visto. Não tínhamos muito dinheiro para duas passagens. Quando o cônsul viu o visto que ele ia ganhar, já com o carimbo erguido, perguntou:

"E sua religião, senhor Benjamin?"

"Sou judeu", respondeu ele.

"Ah! Eu não posso lhe dar o visto. Temos ordens secretas e estamos proibidos de dar vistos aos judeus."

Benjamin não pôde crer no que estava ouvindo...

De volta a Paris, só pelos seus passos nas escadas eu já sabia que ele não havia conseguido o visto. Mas logo os outros moradores do hotel nos acalmaram. Não se preocupem, aqui tem um Papa russo que pode fazer um batismo greco-católico. Ele não cobra nada, mas tem que ser oficialmente. Vocês vão fazer o batismo e ele dá a papelada e vocês vão receber o visto. Dito e feito. Lá fomos nós para aquela igreja e a cerimônia foi feita. Tivemos que entrar, cada um, numa bacia de água e alguém ergueu sobre nós uma coroa e dando voltas em torno de nós cantavam: Hospodim pomilui!! Hospodim pomilui!! Hospodim pomilui!! Hospodim pomilui!!, que quer dizer "Deus se apieda". Depois penduraram em nosso pescoço duas cruzinhas greco-católicas – tenho até hoje guardadas – e dois certificados de batismo. No dia seguinte, Benjamin voltou a Lion.

Mesmo ainda não tendo morado no Brasil usou um jeitinho brasileiro. Esperou que o cônsul fosse almoçar para pedir ao vice-cônsul o visto. Quando esse lhe perguntou: "E sua religião, Sr. Benjamin?, ele não hesitou. "Greco-católica". Tivemos assim nosso passaporte visado e entramos no Brasil[8].

Com essas restrições impostas e o avanço das perseguições nazistas, muitos judeus, mesmo antes da guerra e especialmente depois, querendo juntar-se à família ou escapar dos guetos, dos campos de concentração, e no pós-guerra se fixar numa pátria, optaram pelo batismo católico ou greco-católico como uma forma de transgressão à lei e

8. Entrevista realizada em São Paulo, outubro 2004. No seu livro *Benjamin, de Prisioneiro de Guerra a Industrial Brasileiro*, biografia de seu esposo, Bella Herson narra com mais detalhes essa passagem da vida deles.

obtenção da permissão de entrada[9]. Os judeus transgrediam uma lei brasileira, mas mais que isso, seus próprios princípios. Tendo que escolher entre os campos ou a vida, ou as condições políticas dos países comunistas, os judeus apátridas que optaram por esse caminho acabaram por se auto-agredirem, pois mesmo sendo um ato simbólico, o batismo católico ou greco-católico era um ritual de negação da própria crença, uma auto-eliminação.

Mas as dificuldades não eram restritas só à Itália e ao Brasil; muitos outros países, inclusive a França, que repetidas vezes se declarou resistente, também continuavam a impor procedimentos discriminatórios.

Em Paris, conta Henri Wolff n. 62571, os sobreviventes dos campos foram acolhidos no hotel Lutétia, no Boulevard Raspail, e após um rápido exame médico receberam 3 mil FF (franco francês) da época, uma muda de roupa usada e um par de sapatos em sola de madeira, semelhante ao recebido no campo. "Quando nós voltamos", conta Wolff,

nós pensávamos que éramos deportados como os outros, mas, na verdade, havia uma carta de repatriado – vermelha para os resistentes, azul para os judeus, acompanhada de uma distinção escrita, "deportado resistente" e "deportado político", para os judeus. Por razões raciais, essa discriminação escrita provocou protestos e nós acabamos nos tornando "VC" (*victime civille*). Continuamos, assim, uma vida descontínua, precária, marcada pelo medo, pela improvisação e o acaso[10].

Carta azul para os judeus, vermelha para os resistentes; ficava, assim, bem explícita a continuidade da discriminação "político-racial". Mas, sigamos Henri Wolff n. 62571 na descrição desse retorno.

Houve uma parte de deportados, uma parte muito pequena, que encontrou suas raízes, o calor da família – uma mãe, um pai ou um parente qualquer – para lhe dar, ou para lhe ensinar o amor e o afeto. A maior parte de nós não encontrou a família. Na saída dos campos nós estávamos muito doentes e nós encontramos a solidão. Nós não tínhamos nada. A comunidade judaica estava ferida, nossas casas estavam ocupadas. Não havia leis para nos devolver nossas propriedades. A França era resistente e vitoriosa, no fim das contas ninguém queria falar de judeus, nós éramos como "espinhos dentro dos sapatos", que eles queriam fazer desaparecer. De nós, eles não queriam falar. A França que era anti-semita pensava sempre que a guerra estava lá. O anti-

9. Bella Harson, em seu livro *Tamara Conta a sua História*, narra o percurso de Tamara, judia que também foi batizada na igreja greco-romana a fim de obter visto de entrada no Brasil.

10. "En arrivant nous pensions que nous étions déporté comme les autres, en fact, il y avait des déporté resistant, carte rouge, et des déportés politique, cart blue, pour les juifs. Au débout, pour razion racialle et après ça fait des bruit et nous sommes devenus 'VC', c'est a dire, 'victime civille'". Entrevista realizada em Paris, janeiro 1999.

84 AS NAZI-TATUAGENS: INSCRIÇÕES OU INJÚRIAS NO CORPO HUMANO?

semitismo era virulento. Eu jamais tive vergonha de ser judeu, mas eu tinha medo que eles descobrissem que eu era judeu. Depois, eu tive vergonha de ter tido vergonha[11].

Aqui é importante salientar que esse "ninguém" a que se refere Henri Wolff n. 62571 incluía também os próprios ex-deportados, que por razões diversas faziam do silêncio uma tática de entrosamento e muitas vezes de sobrevivência. Michael Pollak esclarece que "o silêncio sobre o passado está ligado em primeiro lugar à necessidade de encontrar um *modus vivendi* com aqueles que, de perto ou de longe, ao menos sob a forma de consentimento tácito, assistiram à sua deportação. Não provocar o sentimento de culpa da maioria torna-se então um reflexo de proteção da minoria judia". Além disso, também o sentimento de culpa por parte de alguns judeus contribuía para silenciá-los. Continua Pollak:

> É sabido que a administração nazista conseguiu impor à comunidade judia uma parte importante da gestão administrativa de sua política anti-semita, como a preparação das listas dos futuros deportados ou até mesmo a gestão de certos locais de trânsito ou a organização do abastecimento nos comboios. Os representantes da comunidade judia deixaram-se levar a negociar com as autoridades nazistas, esperando primeiro poder alterar a política oficial, mais tarde "limitar as perdas", para finalmente chegar a uma situação na qual se havia esboroado até mesmo a esperança de poder negociar um melhor tratamento para os últimos empregados da comunidade[12].

Nesse clima, Henri Wolff n. 62571 muito bem recorda: "de guerra, campo de concentração, genocídio, judeu, ninguém queria falar". A propósito desse silêncio da história, hoje são os próprios historiadores, sociólogos e cientistas políticos que buscam uma justificativa. Para o cientista político Traverso, uma atitude psicológica perdura após a guerra, já que nenhuma dúvida resta sobre a realidade do genocídio. A percepção dos acontecimentos é condicionada pelas mentalidades que se instalaram no decorrer dos anos, formada em muitas gerações.

Tudo se passa como se a Europa e o mundo ocidental se recusassem a depositar seu olhar sobre um acontecimento monstruoso, o qual

11. "Il y a eu une partie des déportés, une partie très petite, qui a retrouvé ses racines, la chaleur de la famille – une mère, un père ou un parent quelconque, pour lui donner, ou pour lui enseigner l'amour et la tendresse. La plupart d'entre nous n'avait pas retrouvé nos familles. A la sortie nous étions très malade et nous avons trouvé la solitude. Nous n'avions rien. La communauté juive était blessée, nos maisons étaient occupées, il n'y avait pas de lois pour nous rendre notre propriétés. La France était résistante et victorieuse, en fin de compte personne ne voulait nous parler des juifs, nous étions comme les 'épines dans des chaussures', qu'ils voulaient faire disparaître. De nous, ils ne voulaient pas parler. Les français qui étaient antisémites, pensaient toujours que la guerre était là. L'antisémitisme était virulent à cette époque là. J'ai jamais eu honte d'être juif, mais j'avais peur qu'ils sachent que j'étais juif. Après, j'ai eu honte d'avoir eu honte". Entrevista realizada em Paris, março, 1999.

12. M. Pollak, "Memória, Esquecimento, Silêncio" em *Estudos Históricos*, pp. 5-6.

O FIM DOS CAMPOS: OS ANTI-SEMITISMO RENOVADO   85

eles mesmos haviam parido. Impossibilidade de assumir a culpabilidade, como alguns sugerem? Impossibilidade, em todo caso, de olhar a realidade? Ou talvez, como muito bem lembra Todorov, em seu livro *Frente al limite*, "se preferimos olvidar Kolyma[13] ou Auschwitz é por medo de comprovarmos que a maldade dos campos não é estranha à espécie humana; é também esse medo que nos faz preferir as (raras) histórias em que o bem triunfa"[14].

Da mesma forma, a Nuremberg também, o crime do genocídio não será colocado no centro do processo[15].

É um monstro parido pela própria cultura sociopolítica, que prefere virar a página da história negando-o ou, pior ainda, alimentando-o com sua própria negação. Em suas memórias, De Gaulle explica muito claramente as razões de seu silêncio, da revisão do genocídio.

Que sabíamos nós em Londres? Os jornais ingleses a invocavam? E, se o faziam, era hipótese ou afirmação? Conscientemente, minha percepção era mais ou menos a seguinte: os campos de concentração eram cruéis, dirigidos por uma galera de recrutados entre os criminosos de direito comum; a mortalidade era grande, mas as câmaras de gás, o assassinato industrial dos seres humanos, não, eu confesso, eu não os imaginei e, porque eu não os imaginei, eu não os soube[16].

Lembra Raphael n. 73295:

A França declarou-se resistente. Para reunir os franceses, De Gaulle propagou que a França havia sido resistente, tudo para evitar que a França continuasse a dilacerar-se. Quando a liberação de Paris aconteceu, De Gaulle voltou politicamente e criou uma divisão militar e suprimiu tudo para unir a comunidade francesa. A posição aparente e real de De Gaulle, eu estou certo, *vis à vis* os judeus, no plano real, ele não fazia diferença[17].

A comunidade francesa, unida em torno da idéia de uma França resistente, teve como seus porta-vozes os próprios resistentes. Vindos ou não dos campos, eles procuravam minimizar as barbáries dos campos, abafando as vozes dos deportados judeus sem apoio sócio-político-financeiro. Como adverte Michael Pollak, "no momento do retorno

13. Kolyma é um local na Sibéria conhecido como o inferno gelado. Esse local rico em ouro foi explorado por Stalin, que o transformou num campo de trabalho para prisioneiros políticos soviéticos. Esses passaram a denominá-lo "Crematorium White" ou "Land of White Death". Informações de Stanislaw J. Kowalski, sobrevivente desse inferno (informações Internet).

14. T. Todorov, *Frente al limite*, p. 164.

15. E. Traverso, *L'histoire déchirée*, p. 23.

16. Apud E. Traverso, idem, p. 24.

17. "La France, elle s'est déclarée résistante, et pour réunir l'ensemble des français, il a fait croire que la France a été résistante tout, tout ça pour éviter que la France continue à se déchirer. Quand la libération de Paris a eu lieu De Gaulle ne revenu politiquement a créé une division militaire et supprimé tout ça pour rassembler la communauté". Entrevista realizada em Paris, outubro, 1998.

86   AS NAZI-TATUAGENS: INSCRIÇÕES OU INJÚRIAS NO CORPO HUMANO?

do reprimido, não é o autor do 'crime' (a Alemanha) que ocupa o primeiro lugar entre os acusados, mas aquele que, ao forjar uma memória oficial, conduziu as vítimas da história ao silêncio e à renegação"[18]. A esse respeito Irene Hajos n. 80957 lembra:

L'Amicale foi constituído logo após a guerra, em 1945-1946. Os resistentes, que faziam parte dos Amicales, logo em seguida começaram a falar. Quanto aos deportados judeus, eles só começaram a falar muito mais tarde, porque os resistentes deportados não-judeus os impediam de falar. Os resistentes, naquela época, falaram muito, e como se sabe, eles não nos deixavam falar. Você sabe? É uma polêmica, os resistentes queriam falar. Entre nós, nós nos interrogávamos[19].

Recuperar a autonomia da palavra é um primeiro passo para recuperar a dignidade perdida, pois poder dizer significa poder denunciar. Entretanto, como lembra Michael Pollak, "o silêncio tem razões bem complexas. Para poder relatar seus sofrimentos, uma pessoa precisa antes de mais nada encontrar uma escuta"[20]. Mas Primo Levi n. 174517 já assim percebia, "se falarmos, não nos escutarão – e, se nos escutarem, não nos compreenderão".

Por meio do discurso de seus líderes, os negacionistas faziam-se vencedores e encontravam respaldo popular para suas falas. Essa mistura de silêncio, indiferença e ignorância teve seus ecos em outros países. A reação da cultura americana aos campos de extermínio não difere sensivelmente das memórias de De Gaulle. Nos EUA, a opinião pública é hostil a abrir suas fronteiras para acolher a massa de refugiados. O presidente Roosevelt não queria que a intervenção americana no conflito aparecesse como um ato motivado para defender os judeus. A imprensa norte-americana, confiante e otimista na vitória final, exalta a performance de seus soldados, principalmente dos aviadores louros e de origem anglo-saxônica[21].

A posição do Brasil não difere muito da norte-americana. Como já exposto anteriormente no depoimento do Sr. Gerber, em 1945, quando para cá imigrou, enfrentou problemas, já que nesta época o governo brasileiro exigia certidão de batismo para a concessão de visto de entrada.

Erguíamos, assim, uma fronteira simbólica para impedir a entrada dos judeus desprovidos desse documento. A maior parte dos judeus,

18. M. Pollak, op. cit., p. 7.
19. "L'Amicale s'est constituée juste après la guerre en 1945-1946. Les Résistants qui faisaient partie de l'Amicale ont commencé tout suite à parler. Quant aux déporté juifs, ils n'ont parle que beaucoup plus tard, parce que les résistants non-juif les ont empêchés de parler. Ils ont parlé beaucoup, les résistant à cette époque et comme on l'a dit, les déportés on les a pas laissé parler. Vous savez, c'est une polémique que les résistants, ils ont voulu parler. Entre nous, on s'est interrogé". Entrevista realizada em Paris, outubro 1999.
20. M. Pollak, op. cit., p. 6.
21. E. Traverso, op. cit., p. 25.

que após o campo dirigiu-se à América do Sul, residiu anteriormente na Bolívia, como foi o caso dos irmãos Miguel e Moises Tenenholz, também aqui já citados. Mais radical ainda foi a crise dos países do Leste. Após a guerra, seguiu-se a sovietização dos países da Europa oriental. A situação desses países nos anos pós-guerra é bem esclarecida nos livros *Le sionisme*, de Claude Franck e Michel Herszlikowicz, e *The Black Book of Comunism*, de vários autores. Segundo esses autores, na União Soviética, por exemplo, a crise de anti-semitismo foi comandada por Stalin a partir de 1949, isto é, um ano após a grande crise mundial que resultou na criação do Estado de Israel, por conseqüência mesmo da concessão desse Estado, mas até antes mesmo dessa data. Assim, na URSS de Stalin, as escolas judaicas foram fechadas, os jornais e os teatros ídiches cessaram suas atividades. Os judeus foram sistematicamente removidos dos postos de autoridades nas artes e na mídia, no jornalismo e publicidade, na medicina e em muitas outras profissões. As prisões tornaram-se cada vez mais comuns, em todos os meios. A liquidação física dos membros da inteligência judaica foi conduzida sistematicamente. Ela começa pela prisão dos representantes da "região autônoma judaica" de Birobidjan, logo seguido pela dos chefes do Comitê Judaico Antifascista. Os ativistas desse comitê, especialmente na pessoa do poeta Markish, e os intelectuais Pfeffer, Bergelson, Der Nister e muitos outros são presos, julgados secretamente em julho de 1952 e executados nos meses seguintes. Mas mesmo antes dessa data, os cerceamentos já haviam começado. A descoberta do *Black Book*, em 1946[22], sobre as atrocidades do regime nazista contra os judeus foi ocultada sob o pretexto de que "o argumento central de todo o livro é a idéia de que a Alemanha fez guerra contra a URSS apenas como uma tentativa de eliminar os judeus". Em 21 de novembro de 1948, o comitê foi fechado sob a alegação de que tinha se tornado um "centro antipropaganda soviética", e várias publicações, incluindo o notável jornal *Yiddish, Einikait*, foram banidos. Também um outro grupo de intelectuais judeus, em 1949, foi condenado a dez anos de campo de concentração sob a alegação de crimes contra o regime comunista, o mais significativo deles foi o de terem criticado de uma maneira anti-soviética a resolução do Comitê Central a respeito da revista *Zvezda* e *Leningrado*; e interpretado as opiniões de Marx nos negócios internacionais de maneira contra-revolucionária. Em 1956, uma lista de 443 vítimas célebres foi redigida e as execuções de pessoas menos conhecidas mostravam índices altíssimos. Tanto durante o processo de Budapeste e de Praga, quanto no terror reinante em Bucareste,

---

22. *The Black Book* acima mencionado refere-se às discriminações dos soviéticos impostas aos judeus. Em 1997, outro livro foi lançado, em Paris, sob o título *Le livre noir du communisme: crimes, terreur, répression,* que foi traduzido para o inglês (1999) sob o título *The Black Book of Comunism*.

88 AS NAZI-TATUAGENS: INSCRIÇÕES OU INJÚRIAS NO CORPO HUMANO?

os judeus são eliminados das equipes dirigentes dos Estados. Em 13 de janeiro de 1953, o jornal *Pravda* anunciava a descoberta de um "grupo de médicos terroristas", Doctors' Plot, como ficou conhecido o grupo. Nessa ocasião, Stalin acusou esses nove médicos ilustres, sendo sete judeus, de terem atentado contra a vida dos principais dirigentes soviéticos. Sob o pretexto desse massacre, Stalin marca o pico da campanha *anticosmopolitismo* (anti-semitismo) e decreta a deportação geral dos israelitas da URSS. Sua morte, ocorrida durante esses fatos, salva na última hora os últimos médicos do perigo mortal. Mas a condição dos judeus na URSS não é menos precária no mandato de Khruchtchev, e não cessou de agravar-se até a subida ao poder de Gorbatchev, em março de 1985[23].

Assim como a URSS, a Polônia e a Hungria seguem políticas anti-semíticas violentas. O fim dos campos não trouxe liberdade para as pessoas que se dirigiram à Europa central; isto simplesmente significou serem varridos de um mal para outro, da política de Hitler para a de Stalin, como habilmente Witold Gombrowicz descreveu a tragédia dos judeus que se dirigiram aos países que ficaram sob o domínio de Stalin[24].

Irene Hajos n. 80957 contou-me: "certamente você já ouviu falar, quando os deportados voltaram à Polônia, em 1946, os poloneses mataram os judeus, porque eles não ficaram contentes com a volta deles. Porque eles estavam ocupando suas casas, eles ocupavam todas as casas, e eles não as queriam devolver. E, isto ainda continua, sempre"[25].

Bella Herson assim confirma: "Em 1998 eu estive na Polônia, em Lodz, queria ver minha terra. Quando estava num táxi, perguntei ao taxista: 'tem muitos judeus por aqui?' Ao que ele logo respondeu: 'Não muitos, mas eles estão voltando, com aquele número tatuado, querendo suas casas de volta' "[26].

O anti-semitismo retorna virulentamente a esses países e, a partir de 1949, a cultura ídiche desaparece complemente com todos os seus representantes, esclarece Traverso[27]. Sem dúvida, cada país procurou, a sua moda, impedir a entrada dos ex-deportados. Assim, ou pela força das armas ou por forças simbólicas – como a negação dos fatos ou a exigência de documentos específicos e mesmo a criação do Estado de

23. E. Traverso, op. cit., p. 96. Nota: essas informações históricas também são descritas no livro *The Black Book of Comunism*.

24. Witold Gombrowicz, apud, S. Courtois, "Introduction: The Crimes of Comunism" em *The Black Book of Comunism, Crimes, Terror, Repression*, p. 22.

25. Certainement, vous avez entendu parler que quand ils, les déportés, sont rentres, en 1946, les polonais, ils ont tué les Juifs, parce qu'ils n'étaient pas content qu'ils reviennent. parce que eux, ils était dans leurs maisons, ils occupaient tout ça, et ils n'ont pas voulu redonner rien du tout. Et ça a continué toujours. Entrevista realizada em Paris, outubro 1999.

26. Entrevista realizada em São Paulo, outubro 2004.

27. E. Traverso, op. cit., p. 39.

Israel (forma de segregação política) –, os muros do anti-semitismo foram reaparecendo, e provaram que estavam intactos, ou haviam até mesmo sido reforçados com os escombros da guerra. Com efeito, os sobreviventes do campo imediatamente ouviram a voz desse "silêncio" de que nos falou Henri Wolff n. 62571 e entenderam que o genocídio não havia servido para exterminar o monstro do anti-semitismo, este mesmo é que os havia levado aos campos de extermínio.

Nesse clima de tensão negacionista e anti-semitismo permanente e renovado, a matrícula tatuada apresenta-se como uma identidade de exclusão. Raymond Kamioner n. 38623, residente na França, assim se pronuncia em seu depoimento a Gilles Cohen: "Eu sempre me incomodo de ter este número. No trem, por exemplo, eu carrego sempre um casaco para esconder meu número. Eu me incomodo. E, cara a cara com uma pessoa que possa ser fascista, anti-semita? Eu não preciso mostrar minha carta de identidade... Que eu sou judeu"[28].

Mas este não é um caso isolado. Muitos assim se expressam. Confirma Mira Kantor n. 80392 a Gilles Cohen:

> Sim, eu fico muito incomodada por ter este número. Sempre no ônibus... as pessoas...sempre. Eu me pergunto mesmo, "será que eu sou covarde?". Seguidamente nós partimos em férias. Meu marido ama o sol. Ibiza, por exemplo. No hotel, tem sempre muitos alemães. Eu fico muito incomodada. Eu tenho pesadelos. No bar do hotel, um alemão de setenta anos, mais ou menos, se instalou ao meu lado. Ele vê o número... Eu lhe conto uma história sem nexo mas... Eu tive uma impressão forte, fugidia... Ele pensava: "Que ela faz ainda aqui?". Eu tive esta impressão, muito penosa... Quando eu vejo os jovens alemães, isto passa melhor. Mas eu guardo sempre meu casaco, porque eu tenho vergonha por eles. As pessoas olhando meu número. Para mim, é uma agressão. Como lhe explicar? Você sabe, eu não penso seguidamente no campo. Diríamos, só de tempos em tempos. Mas eu penso no momento que eu sinto um olhar bruscamente se fixar no meu braço. Então sim, eu percebo. É muito desagradável... Quanto mais o tempo passa, mais sensível eu me torno[29].

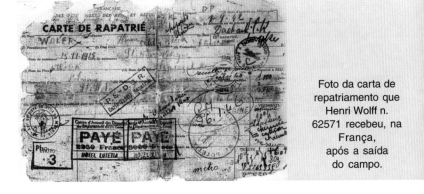

Foto da carta de repatriamento que Henri Wolff n. 62571 recebeu, na França, após a saída do campo.

28. Apud G. Cohen, *Le matricules tatoués dês camps d'Auschwitz*, s/n.
29. Idem, ibidem.

90 AS NAZI-TATUAGENS: INSCRIÇÕES OU INJÚRIAS NO CORPO HUMANO?

Mas não só na França essa marca foi vivida com receio do olhar anti-semita. Também para os que partiram para longe, essa marca representou o temor de ser reencontrado. Em conversa comigo, Moises Tenenholz KL, hoje morando no Bom Retiro, São Paulo, lembra que por muitos anos após a guerra, tempo em que ele e seu irmão Miguel moravam na Colômbia, tinham medo de mostrar a marca em público. Conta Moises: "Um dia, quando eu estava trabalhando na Colômbia, dois alemães chegaram na minha loja para comprar tecidos. Escondi minha tatuagem na manga da camisa, sempre tive medo de ser reconhecido como judeu e, daí, ser morto. Hoje eu a mostro em público, mas não a queria ter"[30].

A matrícula numérica tatuada no antebraço esquerdo prescreve ao corpo um permanente estado de alerta, pois anuncia a cada olhar indiscreto a lembrança da discriminação sofrida e o receio do reaparecimento do anti-semitismo. Impõe-se assim uma exigência particular, gestual, comportamental ao corpo – a de carregar sempre um casaco, como possibilidade de esconderijo secreto ou um amuleto de proteção contra o olhar do outro. David Le Breton, interpretando o rosto na Shoah, "considera que todo o olhar racista sobre o outro já é uma morte simbólica, por meio da rejeição de considerá-lo dentro de sua singularidade facial"[31]. Singularidade facial denunciada pela marca tatuada no antebraço, agredida pelo olhar do outro.

Paul Schaffer n. 160610 conta a Gilles Cohen:

A seqüência foi muito complicada. Os jovens, como eu, pensavam que tínhamos conquistado uma "normalidade". Que nós tínhamos um ar "normal", falávamos como gente normal, tínhamos um comportamento realmente "normal". Retrospectivamente, nós estávamos dentro de uma espécie de... Num mundo à parte. Alguma coisa que tinha bem uma aparência de normalidade mas, ao mesmo tempo, nós não estávamos... Na vida... Eu penso que muita gente... por muito tempo... eles não puderam suportar. Nós vivemos uma segunda loucura, um segundo caroço, tão duro quanto o primeiro. Nós vivíamos, embora com valores da vida muito diferentes. Foi como abrir um parêntese sem verdadeiramente estarmos certos de poder fechá-lo. Primo Levi não o fechou. Acabou suicidando-se. Na verdade, ele nunca se refez. E, quanto tempo isto dura? É variável. Mas, no nosso caso, infinitamente mais longo que nem mesmo os deportados acreditam[32].

A princípio, a liberdade foi codificada para os sobreviventes – todos jovens – como uma condição de vida normal. Mas o que era a normalidade para eles? Ora, a vida normal, para eles, era o sistema anterior à guerra, único por eles conhecido. Ademais, quatro anos de campo de concentração dessocializou-os, ou "(re)socializou-os". Conta Henri Wolff n. 62571:

30. Entrevista realizada em São Paulo, maio 1998.
31. D. Le Breton, *Du Silence*, p. 284.
32. Apud G. Cohen, op. cit., s/n.

O FIM DOS CAMPOS: OS ANTI-SEMITISMO RENOVADO 91

Eu cresci no universo concentracionário, eu passei lá três anos, e quando eu voltei foi horrível, eu não sabia como viver numa sociedade livre. Eu não sabia dançar, namorar, rir, falar com as pessoas. E, mais, não havia lugar para nós. E, quando nós nos encontramos sozinhos, foi horrível. Eu esperava encontrar outra coisa, a sociedade que eu havia sonhado, e lá foi minha grande decepção, meus amigos, muitos se suicidaram[33].

Améry, que também se suicidou, escreveu:

nós saímos do campo absolutamente desnudos, despojados de tudo, vazios, desorientados, e precisou muito tempo para que reaprendêssemos a linguagem do cotidiano e da liberdade. Aliás, é com um certo mal estar, e sem muita confiança na sua validade, que nós falamos hoje deste assunto[34].

Se alguns tentaram fechar os parênteses da deportação por meio do suicídio, outros tentaram fechá-lo por outros métodos, sendo um deles apagar as injúrias do campo – uma delas, a tatuagem. Raphael Esrail n. 173295, hoje presidente da associação L'Amicale D'Auschwitz, em Paris, conta:

Eu conheci minha mulher em Drancy. Depois, nós partimos para Auschwitz. Quando retornamos, nós nos casamos. Lá pelos anos de 1950, 1952 nós decidimos retirar nossa tatuagem. Ela, porque quando ia à praia isto a incomodava todo o tempo e, eu, porque eu me dizia, "eu estou manchado, eu não tenho glória, para mim, isto não é uma glória, ao contrário, eu fui preso", então... daí... E mais, eu não queria mais ter a tatuagem, e eu não tinha vontade de conservar essa lembrança comigo. E mais, nós queríamos e nós tudo fizemos para evacuar este passado de nossa cabeça. Eu retornei a trabalhar na universidade, e depois como engenheiro. Não é fácil no mundo onde nós nos encontramos, porque minhas idéias e minha vida no mundo foram diferentes. Eu não era mais um jovem de 20 anos, eu não tinha tido uma juventude, não havia vivido, mas eu tinha vivido uma experiência terrível. Eu não amava mais as pessoas, ninguém me interessava. A vida me havia tirado esse contato com as pessoas, e a afetividade por quem quer que seja. E isto foi para mim uma das coisas mais difíceis, de encontrar uma sensibilidade normal. Quando eu tinha qualquer coisa na cabeça, eu não fazia nada, eu era insensível a todas as coisas, era uma percepção horrível, e eu lhe digo mais, apesar de tudo isto, todas as noites ao dormir eu vejo o campo de Auschwitz, todas as noites, até hoje. Então, por que guardá-la? A questão é, por que guardá-la? Eu queria retirar da minha cabeça todo esse período e mais, eu não preciso desta mancha. Eu a retirei, mas eu não sei responder a essa questão[35].

---

33. "J'ai grandi à l'univers concentrationnaire. J'ai passé trois ans là bas, et quand je suis revenu, était terrible, le retour était difficile, on ne savait pas comment vivre dans une société libre. Je ne savais pas comment danser, rire, parler avec des gens. Et, il n'y avait de la place pour nous, et quand nous nous sommes trouvés sole, c'était horrible. J'espérais rencontrer d'autre choise, la société que j'espérai racontré c'était d'autre choise. Mes amies beaucoup se sont suicidés". Entrevista realizada em Paris, outubro, 1999.

34. J. Améry, *Par-dela le crime et le chatiment*, p. 48.

35. "Moi, j'ai connu ma femme à Drancy. Après, nous sommes parti à Auschwitz. Quand nous sommes rentrés, nous nous sommes mariés et vers les années 52/53 on a décidé d'enlever notre tatouage. Elle, parce que ça l'embêtait sur la plage tout le temps et moi, parce que je me disais 'j'étais souillé, je n'ai pas de gloire, pour moi, ce n'est

92   AS NAZI-TATUAGENS: INSCRIÇÕES OU INJÚRIAS NO CORPO HUMANO?

"Por que guardá-la? A questão é, por que guardá-la?". A tatuagem desapareceu, ou melhor, os números desapareceram, enquanto sua cicatriz ficou, mais que impressa no corpo, impressa na memória. "Eu a retirei, mas eu não sei responder a esta questão".

Mas não só o casal Esrail tentou fechar os parênteses da deportação retirando a tatuagem. Não só eles tentaram abstrair todos os pesadelos do passado constante e melhor integrar-se à vida social. Madame B n. A-16751 conta a Cohen:

No meu retorno eu estava realmente traumatizada. Eu tinha um ar desequilibrado, mas era dentro da minha cabeça! Durante o dia eu passava bem, mas à noite, ao contrário, os enormes pesadelos. Um médico amigo meu me via seguidamente. Eu lhe disse: "Não é possível, é demais, eu penso o tempo todo!". E, ele me disse: "tu tiveste um choque, não há nada a fazer". Eu lhe falei de minha tatuagem, eu não a suportava mais. Eu a retirei somente em 1955. Naquele ano, eu comecei a trabalhar. E na praia, enfim, eu podia estar tranqüila[36].

Entretanto, se na França muitos enfrentaram olhares anti-semitas que os perturbaram profundamente, os que se dirigiram ao leste europeu, como vimos acima, revivenciaram nesses países a exclusão sociopolítica dos anos dos comboios rumo à morte e foram obrigados, até mesmo, a retirar a tatuagem para preservar a vida. Irene Hajos n. 80957, judia húngara, já citada mais acima, é quem lembra:

Depois da guerra, no mês de setembro, havia ainda muitos judeus em Budapeste. Quando o presidente (Kourty) caiu e os croatas chegaram ao poder, houve muita gente que foi levada à Alemanha ou ao lado de Viena, na Áustria. Havia muitos homens em Matrasein, e muitos foram mortos. Eles foram todos mesmo mortos; nos últimos minutos antes da liberação, milhares de judeus de Budapeste foram mortos. Na Hungria, por muito tempo nós não tínhamos o direito de falar, e entre essas pessoas que voltaram, a gente não vê em lugar algum o número, todo mundo o retirou. Por causa do comunis-

pas une gloire, au contraire, je me suis faire prendre, alors, donc. Et ensuite, je n'ai plus voulu avoir de tatouage et je n'ai pas envie de conserver ce souvenir avec moi. Et ensuite, aussi, nous voulions et nous avons tout fait pour évacuer de notre tête, ce passé. Et comme moi, je suis retourné à l'université travailler et ensuite comme ingénieur. Ce n'était pas facile dans le monde où on est, parce que mes idées et ma vie sur le monde étaient différentes. Je n'étais pas un jeune homme de 20 ans, je n'avais pas eu de jeunesse, je n' avais pas vécu, mais j' avais vécu une expérience terrible, alors, le monde a été une autre chose, et je vous ai dit qu'il a été pour moi le plus terrible, je n'aimais plus personne, plus personne ne m'intéressait. Et la vie m'avait enlevé ce rapport avec les gens et l'affection pour qui que ce soit, Et ça c'était pour moi une des choses les plus difficiles à retrouver: une sensibilité normale. Quand j'avais quelqu'un dans la tête, ça ne me faisait rien, j'étais insensible à toute chose, c'était une perception horrible et je vous dirai en plus que malgré tout ça, tous les soirs en m'endormant je voyais le camp d'Auschwitz, tous les soirs, jusqu'à aujourd'hui. Et pourquoi je dois le garder? La question, c'est, pourquoi le garder? je voudrais enlever de ma tête toute cette période et en plus, je n'ai pas besoin d'être souillé. je me suis enlevé ça. Je ne sais pas répondre à cette question. Entrevista realizada em Paris, março 1999.

36. Apud G. Cohen, op. cit., s/n.

mo, não é uma boa coisa dizer que a gente é judeu. Nos países do leste, não se pode mesmo dizer que a gente é judeu, ou que a gente foi deportado. Mesmo antes da guerra, muitos judeus trocaram de nome por um nome que parecesse mais húngaro. Eu deixei a Hungria por causa disso, porque seis meses depois, quando eu pude voltar do campo, eu voltei para a Hungria[37].

O que restou aos judeus que retornaram aos países do Leste foi a tentativa de escaparem para os países da Europa ocidental – o que na época era bastante controlado – ou apagar essa marca, e tentar nesse procedimento minimizar a exclusão sociopolítica.

Ademais, essa marca prenunciava, na saída do campo, sinais de desconforto mesmo entre a comunidade judaica, dilacerada pelas constantes perseguições e grandes perdas nos anos do campo. Irene Hajos n. 80957, acima citada a propósito dos olhares anti-semitas no seu país, a Hungria, conta seu reencontro com familiares:

> Quando eu voltei, eu pensava sempre que eu encontraria alguém da minha família, mas eu não encontrei ninguém. Só dois primos que eram jovens e quando eles me viram voltando sozinha: "e nossas irmãs? nossas mães? nossas sobrinhas pequenas?". Ninguém. Daí eles não compreenderam. Por que eu? Os sobreviventes foram quase culpabilizados, por que eu e não os outros? Me perguntavam, e diziam que talvez nós, os sobreviventes, tivéssemos trabalhado para os alemães. Que talvez nós tivéssemos estado com eles, dormido com eles[38].

Mas não só as mulheres enfrentaram olhares de censura entre a comunidade judaica. A recepção aos homens era semelhante. Conta Henri Wolff n. 62571 que, na volta ao convívio em sociedade, seguidamente enfrentava indignações dos parentes de judeus mortos nos campos. Diz Wolff: "Cada família de judeu tinha perdido alguém, um

37. Après la guerre au mois de Septembre il y avait encore beaucoup de Juifs à Budapest, quand le président est tombé (Kourty) et que les croates sont arrivés au pouvoir, il y a eu beaucoup de gens qui ont été emmenés en Allemagne, a côté de Vienne en Autriche. Il y avait beaucoup d'homme à Matrasein et il y a eu beaucoup de tués. Ils ont tout de même tués, les dernières minutes avant même la libération, des milliers de Juifs de Budapest. En Hongrie pendant beaucoup de temps on n'avait pas le droit de parler, et parmi les gens qui sont retournes on ne voit nulle part un numéro. Tout le monde l'a fait enlevé. A cause des communistes parce que n'est pas une bonne chose de dire qu'on est juif. Dans les pays de l'Est, il ne fallait pas dire qu'on était juif ou qu'on avait été déporté. Même avant la guerre il y avait beaucoup de juif qui ont changé leur nom pour que ça fasse plus hongrois. Entrevista realizada em Paris, outubro 1999.

38. Quand je suis rentre en Hongrie, je pensais toujours que je retrouverais quelque chose de ma famille et comme j'ai retrouvé personne, seulement deux cousins qui étaient jeunes et quand ils m'ont vue arriver seule: et leurs soeurs, leurs mères, leurs petites nièces, personne, alors, ils n'ont pas compris; pourquoi moi. Je ne sais pas si vous savez pas si les vivants on était presque culpabilisés, pourquoi moi et pas les autres? J'ai parlé avec les fills ici et elles m'ont demandé peut-être que vous avez travaillé pour les Allemands, que peut-être on était avec eux et qu'on avait couché avec eux. Entrevista realizada em Paris, outubro, 1998.

94 AS NAZI-TATUAGENS: INSCRIÇÕES OU INJÚRIAS NO CORPO HUMANO?

pai, uma mãe, um irmão. E, quando eles nos olhavam, nós? Havia um sentimento de desconfiança, um desejo de saber... por que ele não voltou? Meu pai, meu irmão? Eles eram mais fortes que você, mais inteligente, mais resistente"[39].

Dilacerada com tantas perdas e perseguições, a comunidade judaica também vira as costas para os sobreviventes e até mesmo os acusa de colaboracionistas. Mais uma vez a marca impunha-se como exclusão.

Entretanto, nem para todos essa marca incomodou ou foi traumática. Conta Sara Forminko n. A-11224B:

> Não pensei em tirar isso. É uma coisa que ficou comigo. Como uma lembrança, para que tem que tirar isso. Antes perguntavam bastante. Agora todo mundo sabe. Agora se faz tanta tatuagem, todo mundo está marcado. Antigamente não tinha. Agora quase não aparece, a pele ficou enrugada, não dá para ver direito, mas quando eu era nova, aparecia bastante, de longe, era enorme[40].

A esse respeito também Majer Jesion n. 143062 diz: "Por que eu vou tirar, fica marcado. É tatuagem. Um ou outro conhecido perguntava, não sabiam de Auschwitz, eu contava, é coisa da vida"[41].

Yvette Lévi n. A-16696 também assim depõe: "O número nunca me incomodou. A não ser no começo quando muitos colegas de trabalho insistiam em me perguntar por que eu não o retirava. Meu médico também insistia"[42].

Nesse depoimento de Yvette Lévi n. A-16696 fica claro que, pelo menos de sua parte, nunca houve preconceitos quanto ao número; no entanto, recebeu insistentes pedidos para que a retirasse, ao ponto até mesmo de chatear-se com tantas insistências. Ao que parece, neste contexto, muito mais do que quem foi tatuado, essa marca agrediu e, talvez ainda hoje agrida, o olhar do outro, seja em sua singularidade anti-semita, seja em sua impotência sociopolítica.

Mas se uns guardaram a marca tatuada, ainda que a escondam envolts em casacos e mangas de camisa, quando em lugares públicos; outros a mostram sem receio ou até mesmo como prova da deportação, ainda que sem orgulho; alguns outros a retiraram, mas não a esqueceram, como depõe Raphael Esrail n. 17329. Resta aqui citar dois outros depoimentos registrados por mim nesses anos de pesquisa sobre esta

39. Chaque famille de juif il y avait quelqu'un de perdu, quelqu'un qui est disparu, un père, une mère, un frère, une soeur, et quand ils nous regardé, nous? Il y avait un sentiment de suspicion et peut-être un sentiment d'envie, pour quoi il n'est pas rentré? ils nous disait, et pour quoi vous êtes rentré? mon père, mon frère, il était plus fort que vous, plus intelligent, plus résistent, Si il n'est pas rentré et vous êtes c'est pour que vous aviez quelque chose... Entrevista realizada em Paris, outubro 1999.

40. Entrevista realizada em São Paulo, outubro 2004.

41. Idem, ibidem.

42. Entrevista realizada em Paris, outubro de 1999.

O FIM DOS CAMPOS: OS ANTI-SEMITISMO RENOVADO 95

marca e que são extremamente significativos. Um deles refere-se a uma senhora que conheci no Lar Golda Meir, em São Paulo, já citada na introdução deste livro. Ao perceber minha presença, a senhora retirou-se da sala sem me dirigir a palavra, mas antes de se retirar, estendeu o braço tatuado em minha direção para que eu pudesse observar sua tatuagem. Considero esse um depoimento mudo, mas extremamente simbólico. O que silencia muitas vezes fala mais. Seria impossível a ela falar sobre sua marca tatuada? ou indignava-se com minha presença? Um outro depoimento muito significativo veio de uma voz distante dos campos de Auschwitz e Birkenau, onde a prática da tatuagem se tornou um ritual obrigatório. Don Kraus esteve detido nos campos nazistas da Holanda, em Wesrebork e não foi tatuado. Entretanto, hoje morando em Johannesburg e trabalhando numa Foundation For Tolerance Education, Don Krausz diz:

Para mim a única razão que justifica eu ter sobrevivido é contar a história. Nesta organização, eles costumam falar nas escolas, em qualquer escola, a qualquer pessoa, a todas as pessoas, crianças, qualquer um. Hoje não, mas no começo eu costumava falar o que tinha acontecido nos campos, depois eu senti que isto não era suficiente, especialmente quando eu falo para as crianças. Quando eu falo nas escolas elementares, eu tento explicar a eles não o que aconteceu, mas também como aconteceu e como isto pode ser evitado de voltar a acontecer. Aqui neste país, nós falamos até em 70 escolas, só aqui em Johannesburgo, porque neste país eles tiveram o apartheid[43], e o apartheid foi uma cópia do que aconteceu aos judeus exceto o fato de eles não matarem as pessoas. Eu sinto que eu não tenha a marca. Porque eu sinto que tenho que ser uma testemunha, e não tem melhor testemunha do que apenas isto, a tatuagem. Eles podem dizer o que eles quiserem. Eles podem dizer que isso não aconteceu, mas isso, o que é isso? Tudo bem, eles podem dizer que tem propósitos de propaganda[44].

43. Em 1948, logo após o fim dos campos, e por coincidência, no mesmo ano da criação de Estado de Israel, a África do Sul oficializou as leis do *apartheid*. Essas leis de discriminação racial compreendiam aspectos da vida social, incluindo, entre outras proibições, casamentos entre brancos e não brancos, empregos restritos aos brancos e assentos delimitados nos trens e praças públicas. Em 1950, todos os sul-africanos foram obrigados a se registrarem e foram radicalmente classificados em três categorias: brancos, pretos (africanos) e miscigenados. Esta classificação baseava-se na aparência e descendência. O Departamento de Negócios era o responsável pela classificação dos cidadãos. Todos os pretos eram obrigados a portarem uma carteira de identidade que contivesse impressões digitais, foto e as informações sobre o acesso deles a áreas privilegiadas. Essa lei só foi abolida em 1992, o que não significa que o *apartheid* tenha sido extinto na vida cotidiana. Esta lei de segregação ostensiva não difere em nada das leis de Nuremberg.

44. "I felt that the only reason that I had remained alive was to tell the story. This organisation, they use me to speak at the schools, any school, anybody, all the people, school children, anybody. Now, I don't, in the beginning I used to talk about what happened in the camps, then I felt that this was not enough especially when I speak to school children, when I speak to school children I try to explain to them not only what happened but also how these things happened. And how this can possibly be prevented from happening again. Well here in this country we speak to about 70 schools just here

96 AS NAZI-TATUAGENS: INSCRIÇÕES OU INJÚRIAS NO CORPO HUMANO?

Esse seu lamento nos é de muita importância, pois nos permite perceber a dimensão dessa marca de princípio excludente. Hoje, Donald considera que esta poderia ser uma aliada na sua luta contra as discriminações tão presentes em todo mundo atual e, especialmente, na África do Sul.

in Johannesburg because in this country they had apartheid, apartheid was a copy of what happened with the Jews except that they didn't kill people. I'm sorry that I do not have a mark. Because I feel that I must be a witness and there's no better witness than just this, the tattoo. They can say what they like. They can say it didn't happen, this, what is this? All right they can say that for propaganda purposes". Entrevista realizada em Johannesburg, julho de 2002.

5. As Nazi-Tatuagens: Inscrições ou Injúrias no Corpo Humano?

Violência inútil, com o fim em si mesma, voltada unicamente para a criação da dor, é como Primo Levi n. 174517 muito bem define todas as crueldades nazistas no Lager. Mas não só ele assim se indaga, todos o fazem. "Visto que os matariam todos [...] que sentido tinham as humilhações, as crueldades?" – pergunta a escritora Gitta Sereny ao ex-comandante de Treblinka, Franz Stangl, detido para sempre no cárcere de Düsseldorf; e este responde: "Para condicionar aqueles que deviam executar materialmente as operações. Para tornar-lhes possível fazer o que faziam". E conclui Primo Levi: "Noutras palavras: antes de morrer, a vítima deve ser degradada, a fim de que o assassino sinta menos o peso de seu crime. É uma explicação não carente de lógica, mas que brada aos céus: é a única utilidade da violência inútil"[1].

Entretanto, as recordações das injúrias sofridas ou infligidas são e serão sempre traumáticas, "porque evocá-las dói ou pelo menos perturba: quem foi ferido tende a cancelar a recordação para não renovar a dor; quem feriu expulsa a recordação até às camadas profundas para dela se livrar, para atenuar seu sentimento de culpa"[2].

"Atenuar o sentimento de culpa", livrar-se de tribunais pós-guerra, simplesmente poder viver socialmente, ou casos outros, são os motivos que têm levado muitos dos que infligiram as injúrias a tentar

---

1. P. Levi, *Os Afogados e os Sobreviventes*, p. 76.
2. Idem, p. 10.

98   AS NAZI-TATUAGENS: INSCRIÇÕES OU INJÚRIAS NO CORPO HUMANO?

deformar ou apagar os registros mnemônicos das torturas por eles praticadas. Em 1978,

Louis Darquier de Pellepoix, ex-comissário encarregado das questões judaicas do governo de Vichy, por volta de 1942 e, como tal, responsável pessoalmente pela deportação de setenta mil judeus, em declaração ao *L'Express* negou tudo: as fotografias das pilhas de cadáver são montagens; as estatísticas dos milhões de mortos foram fabricadas pelos judeus, sempre ávidos de publicidade, de comiseração e de indenização. [...] em Auschwitz, havia decerto câmaras de gás, mas só serviam para matar piolhos e, de resto (note-se a coerência), foram construídas com objetivo de propaganda após a guerra[3].

Nas versões dos infligidores, socialmente e, principalmente, perante os tribunais, constrói-se uma história para atenuar a culpa e/ou a pena. Todos os procedimentos são passíveis de serem adulterados, minimizados, construídos. Alegam-se montagens fotográficas e até a posterior construção das câmaras de gás, como uma falcatrua dos judeus "ávidos em receber recompensas" financeiras e sociais. Na inversão dos fatos, mais uma vez castigam, ferem e ofendem os judeus sem registros efetivos. Mas o que dizer da tatuagem? Como obliterar ou adulterar uma "mensagem não-verbal, a fim de que o inocente sentisse escrita na carne sua condenação". Escrita na carne, essa "violência inútil" preservou-se no tempo, no espaço do corpo e passou a estabelecer elos comunicativos com os sujeitos sociais por onde esse corpo tatuado passou. "Muitas vezes os jovens me perguntam por que não a retiro, e isso me espanta: por que deveria? Não somos muitos no mundo a trazer esse testemunho"[4].

Com efeito, este é um dos raros e verdadeiros contatos com as gerações seguintes. "É qualquer coisa de real", diz Fernand Rapport n. 167643, e completa: "É verdade, a tatuagem é um dos raros contatos que os jovens podem ter da realidade dos campos nazistas"[5]. Ao que parece, esse é o verdadeiro elo de ligação entre as gerações. Irene Hajos n. 80957 conta sobre sua experiência como mãe:

Eu me lembro que meus filhos, quando eles eram muito pequenos, eles me perguntavam o que era (como toda criança pequena é curiosa) eu penso que idiotamente eu respondia, eu jamais lhes disse, é verdade, aos meus filhos, eu dizia que eu estava doente e que eu não podia falar. Como a gente pode contar a uma criança pequena que a gente foi presa no campo? Que eu fui humilhada e mais... Hoje, eles dizem que quando eles eram grandes eles sabiam tudo[6].

3. Idem, p. 12.
4. Idem, p. 72.
5. Apud G. Cohen, *Les matricules tatoués des camps d'Auschwitz*, s/n.
6. "Je me rappelle que mes enfants quand ils étaient vraiment tout petit, et qu'ils m'ont demandé qu'est-ce que c'est (comme tous les petits enfants sont curieux) je pense que bêtement j'ai répondu: je vous l'ai jamais dit c'est vrai, à mes enfants, j'ai dit que j'étais malade et puis je pouvais pas parler. Comment vous pouvez raconter à

Irene Hajos n. 80957 sentia-se doente ao falar para os filhos sobre sua marca, outros queriam

poupar os filhos de crescerem na lembrança das dores e só com o tempo, ao perceberem que as testemunhas oculares vão desaparecer em breve, elas querem inscrever suas lembranças contra o esquecimento. E seus filhos, eles também, querem saber, donde a proliferação atual de testemunhos e de publicações de jovens intelectuais judeus que fazem "da pesquisa de suas origens a origem de sua pesquisa"[7].

A esse respeito, Majer Jesion n. 143062 documenta que, quando os filhos perguntavam sobre os números, sempre contava que havia sido preso na guerra. Mas foi só quando sua filha Renata tinha 13 anos e foram juntos assistir a uma peça de teatro sobre os campos é que realmente lhe ocorreu de relatar aos filhos seus traumas.

Sara Forminko n. A-1224B diz: "Eu sempre dizia, mas logo meus filhos foram para a escola Hebraica e eles sabiam"[8].

O corpo é uma mídia. Mídia primária, como já advertiu Harry Pross, já citado na introdução deste trabalho. O corpo estabelece já no útero materno os primeiros vínculos comunicativos, que serão confirmados nos primeiros anos da infância, no contato diário com a mãe e o pai. A mãe é o primeiro espelho da criança, diz Lacan. A criança conhece a si mesma, seu corpo, o corpo do outro e, conseqüentemente, o corpo da sociedade em que vive, por meio do conhecimento do corpo de seus pais. A marca nazista tatuada no corpo da mãe ou do pai é convertida em percepções dotadas de significados e impõe-se como o primeiro sinal de alerta sociopolítico aos descendentes dos deportados. "Hoje, eles dizem que quando eles eram grandes eles sabiam tudo".

Esse contato com as gerações futuras, que começa na família – mãe, pai, tios, avós –, estende-se na sociedade. "Quando as pessoas vêem o número, principalmente as crianças, nas férias, na praia, perguntam: Mamãe, o que é este número?"[9].

Impressa no corpo, essa matrícula numérica é um aviso às gerações descendentes dos deportados, e de toda a sociedade em que eles participam, de que algo ali aconteceu. Charles Gelbrant n. 28621 também assim pensa: "O número no meu braço jamais me incomodou. Eu penso que por nada no mundo eu o suprimiria. O número no braço e

un petit enfant que j'étais enfermée là-bas? que j'était humiliée et plus... Maintenant ils disent que quand ils étaient grands ils savaient tout". Entrevista realizada em Paris, outubro 1998.

7. M. Pollak, "Memória, Esquecimento, Silêncio", em *Estudos Históricos*, p. 10. Renata Jesion é um exemplo dessa passagem de Pollak. Atriz e diretora teatral, Renata encenou em outubro/novembro 2004 a peça escrita e dirigida por ela *121023J*, baseada nos relatos de seu pai.

8. Entrevista realizada em São Paulo, outubro 2004.

9. Entrevista realizada em Paris, outubro 1999.

100 AS NAZI-TATUAGENS: INSCRIÇÕES OU INJÚRIAS NO CORPO HUMANO?

um outro no peito provam a verdade dos fatos"[10]. Prova irredutível é, em alguns casos, opção política, até mesmo incorporada ao nome, recebendo um valor de documento histórico. Ouçamos o que nos conta Yvette Lévi n. A-16696:

Um dia, na ocasião de uma cerimônia em Drancy, nós oferecemos aos jovens uma placa comemorativa. Eles me pediram para lhes dedicar. Eu escrevi minhas iniciais e a seguir meu número. Eles me perguntaram, "Madame, como a Sra. se chama?" Eu lhes expliquei que meu nome eles esqueceriam, mas meu número, eles se lembrariam mais facilmente[11].

Para Yvette Lévi n. A-16696, hoje trabalhando no esclarecimento dos acontecimentos dos campos, o número acabou sendo incorporado à sua assinatura, como um nome de família. Prova inquestionável de que estamos diante de um testemunho ocular dos anos da barbárie.

Da mesma forma que Yvette Lévi n. A-16696, Charles Baron n. 17594 pensa na tatuagem como documento histórico. Ele diz: "Quando eu me barbeio diante do espelho, eu a vejo. E isto tira uma parte da minha alegria de viver. Mas eu não a retiro, ela é um pouco minha legião de honra!"[12].

Dessa forma, se a matrícula numérica, pelas razões diversas acima citadas, intranqüilizou muitos dos sobreviventes "da solução final", ela foi por outros, voluntariamente ou não, assimilada. Sara Fominko n. A-11224B diz:

eu não pensei em tirar isso, é uma coisa que ficou comigo, deixa aí como uma lembrança. Agora quase não aparece. Antes aparecia bastante, agora quase não aparece, quando nova aparecia de longe, era enorme... agora a pele enrugou... quase não aparece. Antigamente eu não sabia o que era essa tatuagem, agora se faz tanto, todo mundo está marcado. Antigamente não tinha[13].

Igualados por essa numeração, que se tornou uma nominação, muitos fundaram associações na luta contra o esquecimento dos anos da barbárie. (L'Association d'Amicale d'Auschwitz, em Paris, é um exemplo). Por um lado, essa marca "criou um referente identificador incontornável do judaísmo contemporâneo e um dos seus principais temas de mobilização", lembra Régine Azria[14]. Por outro lado, muitos judeus dispersos pelo mundo facilmente tornam-se identificados. Pois como lembra Alfredo Margarido, só a escrita permite que os grupos dispersos criem uma união duradoura[15].

10. Apud G. Cohen, op. cit., s/n.
11. Entrevista realizada em Paris, março 1999.
12. Apud G. Cohen, op. cit., s/n.
13. Entrevista realizada em São Paulo, outubro 2004.
14. Apud J. Candau, *Mémoire et identité*, p. 150.
15. Alfredo Margarido, revista *Quimera*, n. 112-113, p. 61.

Ao que parece, os últimos sobreviventes a apresentarem esse estigma no corpo tornaram-se "documentos vivos" da história. Sem dúvidas, a marca tatuada faz de seu portador um documento autenticado da história. Há até quem, hoje trabalhando pela paz e pela aceitação do outro, lamente não portar tal marca, como o caso de Donald, já anteriormente citado. Entretanto, aqui vale salientar que os sobreviventes portadores desta marca e mesmo os que lamentam não a portarem, em momento algum, sentem-se heróis da história. Esta não é para eles uma história de orgulho relatada por prazer de ativistas políticos, mas, bem ao contrário, contada como angústia de quem, pelo infortúnio de ter nascido numa época de grande discriminação, foi obrigado a viver essa história dos campos como única possibilidade de vida, como muitos lamentam. Irene Hajos n. 80957 se indaga: "As pessoas mais velhas, o que elas contam? Elas contam o passado, e nosso passado? O que é nosso passado? Nosso passado é Auschwitz –Birkenau. Nós temos outra coisa a contar que não isso?"[16]. Mas não só ela, muitos outros. Lembro aqui mais uma vez o significativo depoimento de Raphael Esrail n. 173295 a este respeito, "eu estou manchado, eu não tenho glória, para mim, isto não é uma glória, ao contrário, eu fui preso, então... daí... E mais, eu não queria mais ter a tatuagem, e eu não tinha vontade de conservar essa lembrança comigo. E mais, nós queríamos e nós tudo fizemos para evacuar este passado de nossa cabeça"[17]. E, também, "E isto me tira uma parte da minha alegria de viver", diz Charles Baron n. 17594.

E mais, logo que nós pesquisadores (e muitas vezes eles próprios) os utilizamos como uma metáfora, damo-nos conta de que os impomos, uma vez mais, à condição de objetos. Henry Bulauko n. 130494 nos conta:

> Recentemente, num colóquio, eu ouvi os historiadores declarando que os antigos deportados representavam para eles documentos. [...] Quando eu manifestei minha surpresa, um historiador me respondeu com um sorriso, "documentos vivos". De repente eu me vi transformado em animal curioso, trancado num zoológico, como as espécies raras. [...] Se eu fosse um documento precioso, eles me encerrariam num vidro, exposto num museu, talvez na pirâmide do Louvre? Eles me protegeriam contra os atentados do tempo? Infelizmente, é hora de dizer a meus amigos historiadores que o termo aqui me parece infinitamente chocante. Nós passamos de antigos deportados a testemunhos, e de testemunhos a documentos. Afinal de contas, o que nós somos? O que eu sou?[18].

16. "Les personnes âgées que racontent-elles, elles radotent le passé et notre passé? qu'est-ce notre passé? c'est Auschwitz/Birkaneau. Est-ce que nous on a autre chose à raconter que ça?". Entrevista realizada em Paris, outubro 1999.

17. "et moi, parce que je me disais 'j'étais souillé, je n'ai pas de gloire, pour moi, ce n'est pas une gloire, au contraire, je me suis faire prendre, alors, donc. Et ensuite, je n'ai plus voulu avoir de tatouage et je n'ai pas envie de conserver ce souvenir avec moi. Et ensuite, aussi, nous voulions et nous avons tout fait pour évacuer de notre tête, ce passe". Entrevista realizada em Paris, novembro 1999.

18. Apud G. Cohen, op. cit., s/n.

102   AS NAZI-TATUAGENS: INSCRIÇÕES OU INJÚRIAS NO CORPO HUMANO?

Ao término desta etapa de minha pesquisa, eu gostaria aqui de insistir sobre algumas inquietações dos deportados – e minhas também – que ainda perduram e perturbam, sessenta anos depois. Em um de nossos encontros, Irene Hajos n. 80957 assim me indagava, e indagava-se:

> Qual era o objetivo dos alemães ao tatuar somente em Auschwitz? E só em Auschwitz? Por quê? Você sabe? Os alemães jamais fizeram alguma coisa sem pensar em alguma coisa. Isto é uma coisa muito importante. Por quê? O que eles tinham como objetivo? Eu não quero ficar triste pela minha tatuagem, mas eu queria saber por quê. Por quê? Qual era o objetivo? E, por que eles tatuaram primeiro no peito? Será que eles acharam que não era confortável para ver? E, finalmente, o que eles imaginaram fazer com essa gente tatuada? De onde veio essa idéia de tatuar as pessoas? Então, é isto que eu queria saber. O que eles imaginaram fazer com essa gente tatuada? Será que eles pensaram que eles iam ganhar a guerra? Será que eles imaginaram que os judeus seriam escravos? Será que eles imaginaram que, se um dia eles perdessem a guerra, os tatuados seriam objeto de troca por suas liberdades? Você compreende? Uma maneira de troca com os ganhadores, para salvar sua pele. Eu penso muito, e quando a gente vê, em todos esses campos[19].

Sem dúvida, a que propósito ou instrumento estavam destinadas as crueldades nazistas – não só as tatuagens, todas – permanece e provavelmente permanecerá para sempre como indagação, tanto para os que sofreram as ofensas nazistas, quanto para os que hoje buscam a racionalização ou o historicismo de tais fatos. Essa numeração classificatória sem resposta, *processo da degradação inesquecível*, como Eva Tichauer enfatiza, ou, *invenção autóctone de Auschwitz*, como diz Primo Levi, representa, hoje, um resumo ainda não esclarecido e nem redimido da *Schoá*. Raphael Esrail n. 17329, durante entrevista concedida a mim, assim resume essa matrícula ou sigla:

> A tatuagem fisicamente representa pouca coisa. O fato é um fato moral, é o fato que toda a humanidade acabou. Você não é mais um homem, você não é mais que um

19. "C'était qui le but des Allemands d'avoir tatoué seulement à Auschwitz? et que Auschwitz. Pourquoi? vous savez? les Allemands n'ont jamais fait quelque chose sans penser à quelque chose. C'est une chose très importante. Pourquoi? qu'est-ce qu'il y avait dans leur but? Je ne veux pas m'assombrir sur mon sort du tatouage, mais je voudrais savoir pour quoi. Pourquoi? qu'est-ce qu'il y avait dans leur but? Et pourquoi ils ont voulu mettre sur la poitrine. Ou bien, ils ont trouvé que ce n'était pas très confortable pour le voir? et finalement qu'est-ce qi'ils ont imaginé avec les gens qui étaient tatoués? Ou est venu cette idée de tatouer les gens? Alors, moi, c'est ça que j'ai voulu savoir. Qu'est-ce qu'ils ont imaginé avec ces gens qui était tatoués. Est-ce qu'ils ont imaginé que les guerres, qu'ils vont gagner les guerres. Est- ce qu'ils ont imaginé que les juifs resteraient esclaves, est-ce qu'ils ont pensé un jour qu'ils vont perdre les guerres et ce sera une manière d'échange. Vous comprenez ce que je veux dire, ce sera un échange devant les vainqueurs, vous savez pour sauver leur peau, c'est ça que je veux dire. J'ai réfléchi beaucoup, vous savez et quand on voit que dans tous ces grands camps". Entrevista realizada em Paris, outubro 1999.

AS NAZI-TATUAGENS: INSCRIÇÕES OU INJÚRIAS NO CORPO HUMANO? 103

número e tudo mudou. O mundo mudou, os valores humanos mudaram e o método de vida, as considerações entre as pessoas mudaram. Você entra num lugar vestido e você sai nu, com uma tatuagem que você nunca mais despe. É a desumanização[20].

O fato é exatamente este. "A tatuagem representa pouca coisa", mas o que representa pouco, representa tudo. "Você entra vestido", isto é, com seus referentes culturais humanos – roupas, adornos, pêlos e nome – e "você sai nu", despido de toda e qualquer identidade, isto é, até do próprio corpo; irreconhecível até mesmo "por nós mesmos", como afirmou Primo Levi, e sem nem mesmo um nome. Mas com uma identidade que nunca mais você desveste e que induz modos de comportamento; de situação política, social, familiar e, até mesmo, religiosa. Tudo mudou. O mundo mudou. Os relacionamentos humanos mudaram. Toda a humanidade dilacerou-se. Você não é mais um homem. É um número? Uma sigla? Um código? Um documento? Um monumento? E mais, tudo isso seguido de uma distinção étnica, religiosa, escrita na pele, gravada no corpo.

A princípio, sabemos que se procurarmos nos escombros, tudo pode ser refeito – ou desfeito: os monumentos, as praças, as cidades, os campos de concentração, as câmaras de gás. Só a humanidade não. Não esquecemos jamais Améry, quando nos diz: "quem foi torturado, permanece torturado".

Longe do sistema nazista, os poucos sobreviventes que se espalharam pelo mundo ficaram libertos do horror, mas não das seqüelas provocadas por ele. Preservaram no tempo a lembrança de cada injúria sofrida na violação de sua privacidade. E, para aqueles tatuados, no espaço do corpo, essa lesão permanente passou a ser uma parte do corpo. "Quarenta anos depois, minha tatuagem se tornou parte de meu corpo. Não me vanglorio dela nem me envergonho, não a exibo nem a escondo. Mostro-a de má vontade a quem me pede por pura curiosidade; prontamente com ira, a quem se declara incrédulo", diz Primo Levi n. 174517[21].

Hoje ainda, algumas vozes contam as mágoas das injúrias praticadas há sessenta anos. Por certo, para muitos, os dias, meses e anos de injúrias vividas no campo deixaram traços mais profundos e secretos que o número tatuado. Entretanto, essa placa azulada tatuada no antebraço esquerdo, costurada na pele, impregnada no corpo, identidade de quem foi torturado, estigma permanente do anti-semitismo, perma-

---

20. "Le tatouage physiquement c'est peut de chose. Le fait, c'est un fait moral, c'est un fait que toute l'humanité est partie. Vous n'êtes plus un homme, vous n'êtes qu'un numéro et tout a change. Le monde a changé, les valeurs humaines ont changé et la méthode de vie, le rapport entre les gens ont change. Vous rentrez dans un endroit habillé et vous sortez nu ensuit avec un tatouage, que vous ne déshabilléz autrement. C'est le déshumanisé". Entrevista realizada em Paris, março 1999.

21. P. Levi, op. cit., p. 72.

104   AS NAZI-TATUAGENS: INSCRIÇÕES OU INJÚRIAS NO CORPO HUMANO?

nece como lembrança a marcar, no compasso do tempo-hora dos rituais do cotidiano em liberdade, as constantes injúrias de cada ritual diário do Lager. "E durante muitos dias, quando o hábito da vida em liberdade me levava a olhar a hora no relógio, no pulso aparecia-me, ironicamente, meu novo nome, esse número tatuado em marcas azuladas sob a pele, expressa Primo Levi n. 174517[22].

Embora eu não tenha ouvido e registrado aqui muitas outras vozes que ainda ressoam no nosso cotidiano, penso que tantas outras se eu as tivesse ouvido e registrado expressariam sempre o mesmo conteúdo informativo, ou seja, a angústia, a indignação e, ainda, o questionamento: "Eu não quero me entristecer por causa da minha tatuagem, mas eu queria saber por quê? De onde veio essa idéia de tatuar as pessoas?" Ou então, "O que éramos?" "O que somos?" "O que eu sou?". Isso me leva a constatar que sessenta ou setenta anos são ou serão decorridos, pouco importa: nós hoje estamos aqui diante de uma marca que não esconde nem seu questionamento e nem ousa uma resposta. É neste sentido mesmo que eu hoje, sob forma de enigma, coloco esta interrogação: As Nazi-Tatuagens: Inscrição ou Injúria no Corpo Humano?

22. Idem, p. 26.

Considerações Finais

À guisa de conclusão, gostaria aqui de discorrer sobre duas expressões-chave que considero terem norteado esta pesquisa: *a tatuagem nazista* como memória da discriminação inscrita no corpo e *a intolerância étnica e racial*, criada cientificamente no coração das "ciências humanas" como a maior responsável por essa discriminação.

> Nunca houve um momento da cultura que não fosse também um momento da barbárie.
> WALTER BENJAMIN[1]

A ousadia e a prepotência da organização concentracionária de Auschwitz nos oferece momentos de reflexão sobre o século que ora iniciamos, quando presenciamos episódios de extrema violência, que persistem e são renovados em nosso tempo histórico. Afinal, não só ao regime nazista imputamos a culpa pela desconsideração ao outro. Depoimentos e documentos atestam que Auschwitz só foi possível em colaboração com muitos outros países e muitos anti-semitas que se esconderam nos escombros da guerra.

Hannah Arendt já advertiu que seria um erro esquecer que "os líderes totalitários enquanto vivos, sempre 'comandaram e baseiam-se no apoio das massas'". A ascensão de Hitler ao poder foi legal dentro do sistema majoritário, e ele não poderia ter mantido a liderança de tão grande população, sobrevivido a tantas crises internas e externas, e

---

1. Walter Benjamin, *Obras Escolhidas, Magia e Técnica, Arte e Política*. Tradução de Sergio Paulo Rouanet, Brasiliense, São Paulo, 1987, p. 225.

106   AS NAZI-TATUAGENS: INSCRIÇÕES OU INJÚRIAS NO CORPO HUMANO?

enfrentado tantos perigos de lutas intrapartidárias, se não tivesse contado com a confiança das massas. Isso se aplica também a Stalin"[2].

A partir da escuta das memórias dos ex-deportados e dos documentos históricos disponíveis, a história dos campos nazistas pode ser, metaforicamente, representada como uma moeda de duas faces complementares. De um lado, vemos o reaparecimento do anti-semitismo em sua forma mais virulenta desde os tempos bíblicos. De outro, surge a produção e reprodução da utopia da higiene racial, a eugenia, pesquisada em muitos países da Europa desde o século XIX e levada às últimas conseqüências no regime nazista. Forma industrializada da segregação e eliminação sócio-política-religiosa-biológica, produziu e reproduziu a intolerância, o preconceito e a discriminação dos considerados diferentes em sua aparência, hábitos e crenças. O preconceito à diversidade humana, nesta pesquisa, especialmente aos semitas, ignorou a ética, o direito à identidade, à crença, ao corpo. A impossibilidade de coexistência pacífica entre as culturas conduziu a construção da aniquilação do outro.

Pensar em Auschwitz é pensar que só por meio da erradicação dos preconceitos teremos a possibilidade da coexistência mútua de diversas formas de cultura. Mas isso exige a integração dos cidadãos por meio da abnegação de dogmas rígidos e, ao mesmo tempo, o reconhecimento recíproco das qualidades do outro.

Ouvimos nesta pesquisa as memórias de alguns judeus tatuados nos campos de Auschwitz e tomamos conhecimento dos rituais injuriosos de escrituração a esses campos, e a convivência com essa memória tatuada no corpo nos anos pós-liberação. A tatuagem concentracionária nazista, registrada num contexto político de exclusão política-social-religiosa, foi uma das formas simbólicas mais permanentes de negar o corpo, eliminá-lo, mas também de identificá-lo com um sistema dominante. Corpo negado em todos os seus referentes culturais humanos – roupas, pêlos, carne e nome –, identificado apenas por um número ou sigla concentracionária, acabou no passar dos anos pós-guerra incorporando uma identidade política-histórica. Os deportados foram enviados ao campo, vindos de diferentes países, e nele foram estigmatizados por símbolos diferentes que os identificavam e os hierarquizavam no sistema social concentracionário e, no fim dos campos, retornaram a diferentes países com diferentes políticas sociais, religiosas e econômicas. Suas histórias de vida e sensibilidade são marcadas por todas essas diferenças. Lembro aqui mais uma vez a advertência de Raphael Esrail n. 17329: "Primeiro, tem que se compreender bem uma coisa. Cada deportado tem sua própria história, repito, sua própria história".

---

2. H. Arendt, *Origens do Totalitarismo*, p. 356.

CONSIDERAÇÕES FINAIS 107

Essa marca não pode, assim, ser pensada de uma maneira homogênea e definitiva. E mais, enfatizo, a tatuagem concentracionária nazista, como registramos neste trabalho, percorreu sessenta anos de história política e social e nem sempre foi percebida e vivida da mesma forma por eles mesmos, nem nos campos e menos ainda após. Muitos, a princípio, a escondiam ou mesmo a retiraram. Hoje, muitos a mostram sem orgulho, mas também sem preconceitos. E, para os que hoje se dedicam à erradicação dos preconceitos, essa marca tornou-se até mesmo um instrumento de trabalho. A involuntariedade de ter um corpo tatuado é o único ponto em comum entre os judeus ex-deportados. Hoje, por opção, muitos ainda guardam essa marca explícita no corpo, outros a retiraram da aparência física do corpo, e alguns até mesmo lamentam não a portarem. Mas, certamente, todos a portam em sua memória, pois não esqueçamos de que *quem foi torturado, permanece torturado*; a marca da dor, da ofensa, da imposição desqualificada nunca se apaga da memória.

Por outro lado, lembremo-nos também de que a memória é uma construção determinada pelo presente, atualizada em seu rememorar, e não um texto arrancado do passado em toda sua integridade. Há de se levar em conta o que se memora, o que se quer memorar e, especialmente nos casos de dor, sofrimento e constrangimento, o que se quer olvidar.

A tatuagem no contexto dos campos nazistas foi concebida como matrícula na sociedade dos excluídos, signo de controle político dos segregados da cultura dominante. Entretanto, nos anos subseqüentes à libertação dos campos, essa marca tatuada comunicava, e ainda comunica, a vivência nos campos, transformando o corpo dos ex-deportados em um documento político, e a tatuagem, impressa nesse corpo, um símbolo de autenticidade da deportação.

Espalhados pelo mundo, os judeus tatuados estão matriculados na história. Para muitos judeus tatuados, a luta contra o esquecimento adquiriu uma forma tal que se tornou, ela mesma, "uma identidade incontornável do judaísmo contemporâneo e um dos principais temas de mobilização judaica", lembra Azria[3]. Em seus estudos sobre a cultura, Lotman já enfatizava que é a cultura que valora seus textos. Percebemos, assim, que a tatuagem é um texto cultural. O que ontem foi exclusão, hoje é agregação. O que ontem foi a negação de um homem, hoje é a sua inscrição na história político-cultural. Mas, esta marca no antebraço esquerdo dos ex-deportados é certamente o exemplo mais explícito do pensamento benjaminiano, colocado como epígrafe deste capítulo: *Nunca houve um monumento da cultura que não fosse também um monumento da barbárie.*

3. Apud J. Candau, *Mémoire et identité*, p. 150.

Apêndice

AS LEIS DE NUREMBERG

Art. 1º. 1. São proibidos os casamentos entre judeus e cidadão de sangue alemão ou aparentado. Os casamentos celebrados apesar desta proibição são nulos e de nenhum efeito, mesmo que tenham sido contraídos no estrangeiro para iludir a aplicação desta lei.

2. Só o procurador pode propor a ação de declaração de nulidade.

Art. 2º. As relações extramatrimoniais entre judeus e cidadãos de sangue alemão ou aparentado são proibidas.

Art. 3º. Os judeus são proibidos de terem como criados em suas casas cidadão de sangue alemão ou aparentado com menos de 45 anos.

Art. 4º. 1. Os judeus ficam proibidos de içar a bandeira nacional do Reich e de envergarem as cores do Reich.

2. Mas são autorizados a engalanarem-se com as cores judaicas. O exercício desta autorização é protegido pelo estado.

Art. 5º. 1. Quem infringir o art. 1º será condenado a trabalhos forçados.

2. Quem infringir os arts. 3º e 4º será condenado a prisão, que poderá ir até um ano e a multa, ou a uma outra destas duas penas.

Art. 6º. O Ministro do Interior do Reich, com o assentimento do representante do Führer e do ministro da Justiça, publicarão as disposições jurídicas e administrativas necessárias à aplicação desta lei.

Nuremberg, 15 de Setembro de 1935.

Bibliografia

ABRAHAM, Ben. *Izkor*. São Paulo, Parma, 1979.

_____. *Holocausto*. São Paulo, Sherit Hapleita, 1987.

_____. *Iom Hashoá*. São Paulo, Sherit Hapleita, 1988.

AMÂNCIO, Moacir. *O Talmud*. São Paulo, Iluminuras, 2003.

AMÉRY, Jean. *Par-dela le crime et le chatiment*. Trad. do alemão por Françoise Wuilmart, Lyon, Actes Sud, 1995.

ARENDT, Hannah. *Origens do Totalitarismo*. Trad. Roberto Raposo. São Paulo, Companhia das Letras, 2004.

BAITELLO, Norval. *O Animal Que Parou os Relógios*. São Paulo, Annablume, 1997.

BENJAMIN, Walter. *Obras Escolhidas: Magia e Técnica, Arte e Política*. Trad. Sergio Paulo Rouanet. Brasiliense, São Paulo, 1987.

BERGER, John. *Modos de Ver*. Trad. de Ana Maria Alves. Lisboa, Edições 70, s/d.

BETTELHEIM, Bruno. *Symbolic Wounds:* Puberty Rites and The Envious Male. Nova Iorque, Collier Books, 1962.

BÍBLIA SAGRADA Edição Ecuménica. Trad. de Padre Antônio Pereira de Figueiredo. Rio de Janeiro, Barsa, 1997.

BOREL, France. *Le vêtement incarné:* Les métamorphoses du corps. Paris, Calmann-Lévi, 1992.

BRETON, David Le. *Du Silence*. Paris, Métailié, 1997.

_____. *Anthropologie de la douleur*. Paris, Métailié, 1995.

_____. *La Chair à vif:* usages médicaux et mondains du corps humain. Paris, Métailié, 1993.

_____. *Des Visages*. Paris, Métailié, 1992.

_____. *Anthropologie du corps et modernité*. Paris, PUF, 1990.

112 AS NAZI-TATUAGENS: INSCRIÇÕES OU INJÚRIAS NO CORPO HUMANO?

CAILLOIS, Roger. *O Homem e o Sagrado.* Trad. de Geminiano Cascais Franco. Lisboa, Edições 70, 1950.

CANDAU, Joël. *Mémoire et Identité.* Paris, PUF, 1998.

CANETTI, Elias. *Massa e Poder.* Trad. de Sérgio Tellaroli. São Paulo, Companhia das Letras, 1995.

CAPLAN, Jane (org.). *Written on the Body.* Princeton, Princeton University Press, 2000.

CARNEIRO, Maria Luiza Tucci. *O Anti-Semitismo na Era Vargas.* 3. ed. ampliada. São Paulo, Perspectiva, 2001.

CARUCHET, William. *Le Tatouage ou Le Corps Sans Honte.* Paris, Séguier, 1995.

CLASTRES, Pierre. *A Sociedade Contra o Estado.* Trad. de Theo Santiago. Francisco Alves, 1990.

CYTRYNOWICZ, Roney. *Memória da Barbárie:* História do Genocídio dos Judeus na Segunda Guerra Mundial. São Paulo, Edusp, 1990.

COHEN, Gilles. *Les matricules tatoués des camps d'Auschwitz.* Espanha, B.P.S., 1992.

COURTOIS, Stéphane (org.). *The Black book of Comunism, Crimes, Terror, Repression.* 2. ed. Trad. do francês para o inglês por Jonathan Murphy e Mark Kramer. Massachusetts, Harvard University Press, 1999.

DUQUE, Pedro. *Tatuajes, El Cuerpo Decorado.* Valencia, Midons, 1996.

DURET, Alain. *Moyen- Orient:* crises et enjeux. Paris, Marabout, 1995.

EIBL-EIBESFELD, Ierenäus. *La Sociedad de la Desconfianza:* Polémica para un Futuro Mejor. Trad. para o espanhol de Carlos Fortea. Barcelona, Herder, 1996.

_____. *Amor y Odio.* Trad. para o espanhol de Félix Blanco. México, Siglo Veintiuno, 1972.

_____. *Etologia.* Trad. de Margarida Costa. Barcelona, Omega, 1979.

_____. *El Hombre Preprogramado.* Trad. de Pedro Galves. Madrid, Alianza, 1983.

ELIAS, Norbert. *Sobre el Tiempo.* Trad. para o espanhol de Guillermo Hirata. Madrid, Fondo de Cultura Económica, 1989.

_____. *A Sociedade dos Indivíduos.* Trad. de Vera Ribeiro. Rio de Janeiro Jorge Zahar, 1990.

_____. *A Busca da Excitação.* Trad. de Maria Manuela Almeida e Silva. Lisboa, Difel, 1992.

_____. *O Processo Civilizador:* uma História dos Costumes. Trad. de Ruy Jungmann. Rio de Janeiro, Jorge Zahar, vols. I e II, 1994.

_____. *La Soledad de los Moribundos.* Trad. para o espanhol de Carlos Martín. México, Fondo de Cultura Económica, 1987.

FLEMING, Manuela. *Dor Sem Nome, Pensar o Sofrimento.* Porto, Afrontamento, 2003.

FRANCK, Claude; HERSZLIKOWICZ, Michel. *Le Sionisme.* Paris, PUF, 1993.

FINKIELKRAUT Alain. *A Memória Vã:* do Crime contra a Humanidade. São Paulo, Paz e Terra, 1990.

FOUCAULT, Michel. *Vigiar e Punir.* Trad. de Ligia M. Pondé Vassaldo. Petrópolis, Vozes, 1987.

FREUD, Sigmund. *Totem e Tabu e Outros Trabalhos. Obras Completas.* (vol. XVIII) Trad. de Órizon Carneiro Muniz. Rio de Janeiro, Imago, 1995.

BIBLIOGRAFIA   113

_____. *A Interpretação dos Sonhos*. Trad. do alemão e do inglês por Jayme Salomão. Rio de Janeiro, Imago, vol. I, 1987.

GENNEP, Van. *Ritos de Passagem*. Trad. de Mariano Ferreira. Petrópolis, Vozes, 1977.

GIRARD, René. *La violence et le sacré*. Paris, Grasset, 1972.

GOODY, Jack. *A Lógica da Escrita e a Organização da Sociedade*. Trad. de Teresa Louro Perez. Lisboa, Edições 70, 1986.

HALBWACHS, Maurice. *A Memória Coletiva*. Trad. de Laurent Léon Schaffter. São Paulo, Editora Revista dos Tribunais, 1990.

HERSON, Bella. *Tamara Conta a sua História*. São Paulo, Epfy, 2002.

_____. *Benjamin, de Prisioneiro a Industrial Brasileiro*. São Paulo, Perspectiva. 2001.

KAMPER, Dietmar. *O Trabalho como Vida*. São Paulo, Annablume, 1997.

KATZENSTEIN, Úrsula. *A Origem do Livro*. São Paulo, Hucitec, 1986.

KHOURI, Fred J. *The Arab Israel Dilemma*. Nova Iorque, Syracuse, 1985.

LAGRANGE, Simone. *Coupable d'être née*. Paris, Seuil, 1997.

LAPIERRE, Nicole. *Le silence de la mémoire*. Paris, PLON, 1989.

LARGUÈCHE, Evelyne. *Injure et sexualité:* le corps du délit. Paris, Presses Universitaires de France, 1997.

LASCH, Christopher. *O Mínimo Eu:* Sobrevivência Psíquica em Tempos Difíceis. Trad. João Roberto Martins Filho. São Paulo, Brasiliense, 1987.

LAUTMAN, Victoria. *The New Tatoo*. Nova Iorque, Abbeville Press Publishers, 1994.

LEVI, Primo. *A Trégua*. Trad. de Marco Lucchesi. São Paulo, Companhia das Letras, 1997.

_____. *É Isto um Homem?* Trad. de Luigi Del Re. Rio de Janeiro, Rocco, 1997.

_____. *Os Afogados e os Sobreviventes*. Trad. de Luiz Sérgio Henriques. Rio de Janeiro, Paz e Terra, 1990.

_____. *Les naufragés et lês rescapés:* quarante ans après Auschwitz. Trad. do italiano para o francês por André Maugé. Paris, Gallimard, 1986.

_____. *A Tabela Periódica*. Trad. de Luiz Sérgio Herniques. Rio de Janeiro, Relume Dumará, 1994.

_____. *Si c'est un homme*. Trad. do italiano para o francês de Martine Schruoffeneger. Paris, Julliard, 1987.

LIBLAU, Charles. *Les kapos d'Auschwitz*. Paris, Edition La pensée universelle, 1974.

LOWEN, Alexander. *O Corpo Traído*. Trad. de George Schlesinger. São Paulo, Summus, 1979.

_____. *Narcisismo:* Negação do Verdadeiro Self. Trad. Álvaro Cabral. São Paulo, Cultrix, 1993.

_____. *Prazer:* Uma Abordagem Criativa da Vida. Trad. de Ibanez de Carvalho. São Paulo, Summus, 1984.

LORENZ, Konrad. *A Agressão:* Uma História do Mal. Trad. de Isabel Tamen. Rio de Janeiro, Relógio D'Água, 1992.

LOTMAN, Iuri. *La Semiosfera*. Trad. para o espanhol de Deiderio Navarro. València, Frónesis, 1996.

_____. *Universe of Mind:* a Semiotic Theory of Culture. Trad. para o inglês por Ann Shukman. Indiana, Indiana University Press, 1990.

114　AS NAZI-TATUAGENS: INSCRIÇÕES OU INJÚRIAS NO CORPO HUMANO?

MARRAMAO, Giacomo. *Poder e Secularização*. Trad. de Guilherme Alberto Gomes de Andrade. São Paulo, Unesp, 1995.

_____. *Céu e Terra:* Genealogia da Secularização. Trad. de Guilherme Alberto Gomez de Andrade. São Paulo, Unesp, 1997.

MATURANA, Humberto & VERDEN-ZÖLLER, Gerda. *Amor y Juego*. Santiago del Chile, Instituto de Terapia Cognitiva, 1994.

MICHAUD, Yves. *La violence*. Paris, PUF, 1998.

MONTAGU, Ashey. *Tocar* O Significado Humano da Pele. Trad. de Maria Silvia Mourão. São Paulo, Summus, 1988.

_____. *La Naturaleza de la Agresividad Humana*. Trad. para o espanhol de Antonio Escohotado. Madrid, Alianza Editorial, 1985.

_____. *Introdução à Antropologia*. Trad. de Octavio Mendes Cajado. São Paulo, Cultrix, 1969.

MORIN, Edgar. *O Enigma do Homem*. Trad. de Fernando de Castro Ferro. Rio de Janeiro, Jorge Zahar, 1975.

_____. *O Homem e a Morte*. Trad. de Jorge Guerreiro Boto e Adelino dos Santos Rodrigues. Lisboa, Publicações Europa América, 1970.

NOIRIEL, Gerard. *Les origines républicaines de Vichy*. Paris, Hachette, 1999.

OTTO, Rudolf. *O Sagrado*. Trad. de Artur Mourão. Lisboa, Edições 70, s/d.

PAIN, Jacques. *Écoles: violence ou pédagogie*? Paris, Vigne, Matrice, 1992.

PAIN, J. BARRIER, E. & ROBIN, D. *Violences à l'école. Une étude comparative européenne à partir de douze établissements du second degré, en Allemagne Angleterre, France*. Paris, Vigneaux, 1997.

PÉREZ-RINCÓN, Héctor (org.). *Imágens del Cuerpo*. México, Fundo de Cultura Económica, 1994.

PROSS, Harry. *La Violencia de los Símbolos Sociales*. Trad. para o espanhol de Vicente Romano. Barcelona, Anthropos, 1989.

_____. *Estrutura Simbolica del Poder*. Trad. para o espanhol de Pedro Madrigal Devesa e Homero Alsina. Barcelona, Gustavo Gili, 1980.

_____. *A Sociedade do Protesto*. Trad. de Peter Naumann. São Paulo, Annablume, 1987.

PROUST, Marcel. *Em Busca do Tempo Perdido*: No Caminho de Swan. Tradução de Mário Quintana. Globo, Porto Alegre, 22. ed., 2003.

RAMOS, Célia Maria Antonacci. *Teorias da Tatuagem*: Uma Análise da Loja Stoppa Tattoo da Pedra. Florianópolis, Udesc Editora, 2001.

_____. *Grafite, Pichação & Cia*. São Paulo, Annablume, 1993.

RABARY, Gilles. *Tatouage et détatouage*. Paris, Maloine, s/d.

ROMANO, Vicente. *Desarrollo y Progreso:* Por una Ecología de la Comunicación. Barcelona, Treide, 1994.

_____. *El tempo y el Espacio em la Comunicación*. La razón pervertida. Barcelona, Informe, 1998.

SANT'ANNA, Denise B. de (org.). *Políticas do Corpo*. São Paulo, Estação Liberdade, 1995.

SANTOS, Gislene Aparecida dos. *A Invenção do Ser Negro:* Um Percurso das Idéias que Naturalizaram a Inferioridade dos Negros. São Paulo, Rio de Janeiro, Educ, Fapesp, Pallas, 2002.

SILVA, Vagner Gonçalves da (org.). *Memória Afro-brasileira:* Artes do Corpo. São Paulo, Selo Negro, 2004.

BIBLIOGRAFIA 115

SOUZA, Gilda de Mello. *O Espírito das Roupas*. São Paulo, Companhia das Letras, 1987.

SCHILDER, Paul. *A Imagem do Corpo:* As Energias Construtivas da Psique. Trad. de Rosane Wertman. São Paulo, Martins Fontes, 1994.

TELLIER, Aranaud. *Experiences traumatiques et écriture*. Paris, Anthropos, 1998.

TENENHAUS, Hervé. *Le tatouage à L'adolescence*. Paris, Bayard Éditions, s/d.

THOMAS, D. M. *The Japanese Tattoo*. Nova Iorque, Abbeville Press, 1986.

TICHAUER, Eva. *J'étais le numéro 20832 à Auschwitz*. Paris, L'Harmattan, 1988.

TODOROV, Tzvetan. *Frente al limite*. Trad. de Federico Álvares. México, Siglo Veintiuno, 1993.

TRAVERSO, Enzo. *L'histoire déchirée:* essai sur Auschwitz et les intellectuels. Paris, Cerf, 1997.

TURNER, Victor. *El Proceso Ritual*. Trad. para o espanhol de Beatriz García Rios. Madrid, Taurus, 1988.

VARELLA, Drauzio. *Estação Carandiru*. São Paulo, Companhia das Letras, 1999.

VIGARELLO, George. *Histoire du Viol*. Paris, Seuil, 1998.

WIEVIORKA, Annette. *Auschwitz expliqué à ma fille*. Paris, Seuil, 1999.

ARTIGOS

BARROS, Myram Moraes Lins. "Memória e Família". In *Estudos Históricos*. Rio de Janeiro, Cpdoc/FGV, vol. 2, n. 3, 1989.

LE-GRAND-SÉBILLE, Catherine. "Aproche anthropologique de la maternité dans un contexte de grande pauvreté". In *Devenir*, vol. 9. n. 4, pp. 57-65, 1998.

LOVISOLO, Hugo. "Memória e a Formação dos Homens". In *Estudos Históricos*. Rio de Janeiro, Cpdoc/FGV, vol. 2, n. 3, 1989.

POLLAK, Michael. "Memória, Esquecimento, Silêncio". In *Estudos Históricos*. Rio de Janeiro, Cpdoc/FGV, vol. 2, n. 3, 1989.

PORTELLI, Alessandro. "O Momento de Minha Vida: Funções do Tempo na História Oral". Muitas Memórias, Outras Histórias". Déa Ribeiro Fenelon, Laura Antunes Maciel, Paulo Roberto de Almeida e Yara Aun Khoury (orgs.). São Paulo, Olho D'Água, 2004.

_____. "Tentando Aprender um Pouquinho. Algumas Reflexões Sobre a Ética na História Oral". *Projeto História, n. 15. Ética e História Oral*. Daisy Perelmutte e Maria Antonieta Antonacci (orgs.). São Paulo, Educ, 1997.

_____. "Forma e significado na História Oral: Pesquisa como um Exemplo em Igualdade". *Projeto História, n. 14. Cultura e Representação*. Maria Antonieta Antonacci (org.). São Paulo, Educ, 1997.

STRAED, Therkel. "Cotidianidad y Violencia en un Camp the Concentratión Nazi". In *Historia Antropologia Y Fuentes Orales*. Traumas del siglo XX. n. 20. Barcelona, Universitat de Barcelona Publications, 1998.

VIGARELLO, George. "Panóplias Corretoras: Balizas para uma História".

116   AS NAZI-TATUAGENS: INSCRIÇÕES OU INJÚRIAS NO CORPO HUMANO?

SANT'ANNA, Denise Bernuzzi de (org.). In *Políticas do Corpo*. São Paulo, Estação Liberdade, 1995.

APOSTILA

BAITELLO, Norval. *Semiótica da Cultura*. Apostila do curso oferecido pelo Programa de pós-graduação em Comunicação e Semiótica, PUC/SP, 1989.
_____. *Sistemas Intersemióticos I*. Semiótica e Jornalismo, disciplina oferecida pelo programa de pós-graduação em Comunicação e Semiótica, PUC/SP, 1990.

REVISTAS

Shalom Análise – Holocausto. São Paulo, Shalom, 1979.
Quimera, Número 112-113, Barcelona, Montesinos Editores, 1992.
Trip, ano 11, n. 58, p. 36.

VIDEOCASSETE

La Marche de La Mort, Evacuation dês Camps d'Auschwitz. Dir.: Marcel Fages. Paris, Amicale d'Auschwitz.

ENTREVISTAS

Miguel Tenenholz KL, São Paulo, maio, 1997.
Moises Tenenholz KL, São Paulo, jan., 1998.
Gerber KL, São Paulo, maio, 1998.
Henri Wolff n. 62571, Paris, set./out./nov., 1998 e jan. /mar./ out., 1999.
Irene Hajos n. 80957, Paris, out., 1999.
Yvette Lévi n. A-16696, Paris, out., 1999.
Raphael Esrail n. 173295, Paris, mar., 1999.
Jacques Altman n. 173708, Paris, nov., 1998.
Donald Krausz, Johannesburg, jul., 2002.
Bella Herson, São Paulo, out., 2004.
Sara Forminko n. A-1224B, São Paulo, out., 2004.
Majer Jesion n. 143062, São Paulo, out., 2004.
Janina Landau Schlesinger, São Paulo, nov., 2004.

HISTÓRIA NA ESTUDOS

Nordeste 1817
Carlos Guilherme Mota (E008)
Cristãos Novos na Bahia
Anita Novinsky (E009)
Vida e Valores do Povo Judeu
Unesco (E013)
História e Historiografia do Povo Judeu
Salo W. Baron (E023)
O Mito Ariano
Léon Poliakov (E034)
O Regionalismo Gaúcho
Joseph L. Love (E037)
Burocracia e Sociedade no Brasil Colonial
Stuart B. Schwartz (E050)
De Cristo aos Judeus da Corte
Léon Poliakov (E063)
De Maomé aos Marranos
Léon Poliakov (E064)
De Voltaire a Wagner
Léon Poliakov (E065)
A Europa Suicida
Léon Poliakov (E066)
Jesus e Israel
Jules Isaac (E087)
A Causalidade Diabólica I
Léon Poliakov (E124)

A Causalidade Diabólica II
Léon Poliakov (E125)
A República de Hemingway
Giselle Beiguelman (E137)
Sabatai Tzvi: O Messias Místico I, II, III
Gershom Scholem (E141)
Os Espirituais Franciscanos
Nachman Falbel (E146)
Mito e Tragédia na Grécia Antiga
Jean-Pierre Vernant e Pierre Vidal-Naquet (E163)
A Cultura Grega e a Origem do Pensamento Europeu
Bruno Snell (E168)
O Anti-Semitismo na Era Vargas
Maria Luiza Tucci Carneiro (E171)
Jesus
David Flussser (E176)
Em Guarda Contra o "Perigo Vermelho"
Rodrigo Sá Motta (E180)
Preconceito Racial em Portugal e Brasil Colônia
Maria L. Tucci Carneiro (E197)
A Síntese Histórica e a Escola dos Anais
Aaron Gurriêvitch (E201)

Impresso nas oficinas da